감정조절
육아법

오늘도 상처주고 후회하는 엄마를 위한

감정조절 육아법

초 판 1쇄 2018년 05월 10일

지은이 최현정
펴낸이 류종렬

펴낸곳 미다스북스
총 괄 명상완
책임편집 이다경

등록 2001년 3월 21일 제2001-000040호
주소 서울시 마포구 양화로 133 서교타워 711호
전화 02) 322-7802~3
팩스 02) 6007-1845
블로그 http://blog.naver.com/midasbooks
전자주소 midasbooks@hanmail.net

ⓒ 최현정, 미다스북스 2018, *Printed in Korea*.

ISBN 978-89-6637-568-4 03320

값 15,000원

미다스북스는 다음세대에게 필요한 지혜와 교양을 생각합니다.

오늘도 상처주고 후회하는 엄마를 위한

감정조절 육아법

최현정 지음

미다스북스

모든 순간이 감동의 연속인 감정조절 육아

내가 내 자식 눈에서 눈물나지 않게 할 수 있을까?

나는 세상에 태어나지 말았어야 했다. 그러나 끈질기게 태어났다.

"나는 도대체 왜 태어난 걸까?"

어린 시절부터 이런 질문을 수없이 했다. 납득할 만한 답을 찾아내지 못하면 살 수 없을 것 같았다. 부모님의 두 번의 이혼과 가정 폭력은 나를 벼랑 끝으로 몰았다. 가난은 나를 독하게 만들었지만 폭력으로 멍든 몸과 마음은 기댈 곳이 필요했다. 그때마다 나를 살게 하는 기적 같은 사람들이 나타났다.

많은 사람이 필요한 것이 아니었다. 나를 인정해주는 단 한 사람이면 충분했다. 나는 그 단 한 사람이 엄마이길 간절히 빌었다. 나의 존재에 대한 답을 찾기 위해서 할 수 있는 모든 것을 하기로 했다. 분명히 나의 미래는 '멋지고 행복할 것'이라는 한 가지 소망만 바라보며 끈질기게 버텨냈다.

하지만 정작 내가 엄마가 된다는 사실은 무서웠다. 엄마를 생각하면 서러워서 눈물부터 흘렸다. 내가 내 자식에게 눈물을 흘리게 하지 않을 수 있는 엄마가 될 수 있을지 겁이 났다. 그런데 헌신적인 남편을 만나 어쩌면 불행을 대물림하지 않아도 되겠다는 희망이 생겼다.

나는 서둘러 엄마가 되었다. 그것도 삼 남매의 엄마였다. 세 아이를 키우면서 어린 시절 나까지 찾아서 함께 키워야 했다. 나와 똑같은 삶을 대물림하지 않겠다는 다짐으로 육아를 공부했다. 그러나 결정적인 순간이 닥치면 이론은 이론일 뿐 내가 하는 육아에 스며들지 않았다. 부정적인 감정에 휩싸이자 쉽게 헤어날 수 없었다.

감정조절 육아로 부정적 감정의 사슬을 끊다

아침부터 잠이 드는 순간까지 평온한 육아는 할 수 없는 것일까? 나는 행복한 육아가 간절히 하고 싶었다. 육아는 감정의 극과 극을 배울 수 있는 최고의 경험이었다. 열심히 한다고 해서 행복한 육아가 되는 것은 아니다. 행복은 주어지는 게 아니라 자신이 만들어나가는 마음의 습관임을 매일 기록하는 '감사 일기'를 통해서 깨달았다.

아침에 눈을 뜨면서 선택한 긍정적인 감정을 잠드는 순간까지 지켜내야 했다. 많은 노력과 연습을 기울이고 감정을 조절하기 시작했다. 아이를 잘 키우기 위한 방법을 익히는 것보다 나의 감정을 다독이는 것이 더 중요했다. 아무리 좋은 육아법도 부모의 감정조절이 뒷받침되지 않으면 후회만 남기 때문이다.

나의 감정을 바라보고 조절하기로 한 것은 현명한 선택이었다. 나의 감정을 조절하고 제어할 수 있게 되자 아이의 발달상황과 교육 이론을 바탕으로 나만의 육아법을 찾을 수 있었다. 감정조절 육아법은 그동안 반복되었던 부정적 감정의 사슬을 끊어낼 힘을 주었다. 또 시간이 지남에 따라 변하는 육아법이 아니라 누구든 따라할 수 있는 육아법이라는 것을 확신한다.

엄마만 들을 수 있는 감정의 떨림을 느껴라

아이들을 통해서 나는 감정을 풍성하게 나누는 법과 조절하는 법을 배웠다. 아이들과 함께 나도 다시 자라는 느낌이었다. 아이들과 함께하는 모든 순간순간이 감동으로 남았다. 내가 키우는 아이들이 다시 나를 성장하게 도와준 셈이다.

육아의 정도는 없다. 다만 올바른 방향을 지향하며 나가야 하는 긴 여정이라는 사실은 분명하다. 아이들의 감정 속에는 엄마만 들을 수 있는 미세한 떨림이 있다. 그것을 엄마가 알아차리고 들어주면 아이의 자존감은 높아진다.

넘쳐나는 육아법은 많은 엄마들에게 오히려 혼돈과 방황을 안겨준다. 『감정조절 육아법』이 그런 책 중 한 권이 되는 것을 원하지 않았다. 그래서 최대한 힘을 빼고 진실한 마음을 담아 글을 썼다. 넷째를 낳는 심정으로 이제 세상에 내놓게 되었다. 내 인생을 통해서 말하고 싶은 육아의 주제는 간단하다. 나 같은 사람도 하는 육아라면 당신도 잘 할 수 있다는 것이다.

행복한 감정은 마음의 습관이다. 육아의 현장에서 우리의 아이들을 위해 최선을 다하는 엄마, 아빠에게 진심으로 응원과 격려를 보낸다.

2018년 4월, 최현정

| Contents |

1장 나는 왜 육아가 힘들까?

2장 육아에 가장 필요한 건 감정조절!

3장 상처를 주지 않기 위한 7가지 행동관찰법

😺 감정조절 육아 이야기

😺 감정조절 Q&A

EMOTION CONTROL PARENTING

1장

나는 왜 육아가 힘들까?

"앞에 있는 사람을 있는 그대로,
그의 모든 진실을 받아들이기 위해서는
자신의 영혼 안에 있는 모든 것을 비워야 한다."
– 시몬느 베이유

01 엄마의 삶을 아이에게 바치지 마라

육아하는 동안 엄마의 삶은 '아웃 오브 안중'

"엄마도 좀 살자! 엄마가 살아야 너희도 살지!"

남편이 잠투정을 하는 아이들에게 볼멘소리를 했다. 내가 하고 싶은 이야기를 대신 해줘서 마음은 풀렸다. 하지만 그 와중에도 나는 착한 엄마 코스프레를 잊지 않았다. "괜찮아! 엄마한테 와." 매달리는 아이를 급하게 안았더니 어깨에 찌릿, 담이 와버렸다. 자세를 바꿀 때마다 느껴지는 날카로운 근육통에 얼굴이 일그러진다. 꾸역꾸역 아이를 안고 토닥였다. 남편이 보내는 짠한 시선 너머로 환하게 웃고 있는 가족사진이 들어온다.

엄마는 희생의 아이콘이다. 아낌없이 주는 나무라고 했다. '아웃 오브 안중'이라는 말을 아는가? 엄마가 된 후 나의 인생은 '아웃 오브 안중'이 됐다. 내 인생이 안중에도 없게 된 것이다.

첫째를 29살에 낳았다. 그래도 20대라고 체력이 받쳐줬다. 둘째는 첫째를 경험했기 때문에 그나마 여유가 있었다. '셋째는 발로 키운다'는 말이 있다. 이 말이 쉽다는 이야기가 아니라 '손이 모자라서 발이라도 써서 키운다'는 뜻이라는 걸 셋째를 낳고서 알았다. '딸 낳고 아들 육아는 처음부터 다시 시작'이라는 육아 선배들의 말에 얼마나 공감했는지 모른다.

셋째까지 낳고 키우는 동안 나는 계속 착한 엄마 코스프레에 빠져 살았고, 그동안 내 인생은 계속 '아웃 오브 안중'이었다. 누군가 나의 이름을 물으면 '누구 엄마'라고 말했다. 휴대폰에 저장되어 있는 사람도 '누구 엄마'가 많아졌다. 나를 부를 때도 내 이름이 아닌 내 아이들의 이름으로 불렸다.

"다연이 엄마!"

"서연아~!"

어느새 내 나이조차 잊어버렸다. 아이들의 나이와 생일은 정확히 기억하면서 말이다. 내 삶이 곧 아이의 삶, 아이의 삶이 곧 내 삶이었다.

어느새 내 나이조차 잊어버렸다.
내 삶이 곧 아이의 삶, 아이의 삶이 곧 내 삶이었다.

모든 걸 바쳐서 해내겠다는 욕심을 버려라

결혼 전, 나는 공부에 한이 맺혀 한국방송통신대학교에 입학해 공부를 하는 중이었다. 회사 생활과 학업을 병행하는 중간에 남편을 만났고, 1년 만에 결혼과 임신을 했다.

임신 29주 차에 조기진통이 찾아와 병원에 갔더니 자궁 문이 2cm나 열려 있다는 무서운 소식을 듣게 되었다. 서울대학병원에서는 입원하는 것이 좋겠다고 했다.

나는 병원이라면 치를 떠는 사람이다. 엄마의 뇌출혈로 병원에서 오랜 간병 생활을 하면서 하루에 몇 번씩 천국과 지옥을 경험했다. 입원은 나의 정신 건강에 좋지 않을 것 같아서 남편을 설득했다. 아무 것도 하지 않고 누워만 지내겠다는 약속을 한 뒤 병원 문을 나설 수 있었다.

첫 아이를 임신한 채 37주까지 침대와 한 몸으로 지냈다. 지독한 입덧 덕에 이온음료만 마시며 6개월을 버텼다. 임신 기간은 혹독한 훈련과 같았다. 37주 5일째, 양수가 터졌는데 아이는 내려올 생각을 안했다. 48시간 안에 아이를 낳지 않으면 위험하다고 했다. 하루 반나절을 진통하고 제왕절개를 하자는 말을 들었다. 그 소리에 죽을힘을 다해 첫 아이를 낳았다. 아이를 품에 안고 나니 세상에 못할 것이 없겠다는 생각이 들었다.

첫 사랑의 설렘처럼 육아의 시작도 그러했다. 내 품에 처음 아이를 안은 느낌은 아마 평생 잊지 못할 것이다. 엄마만이 누릴 수 있는 고귀한 감정이다. 임신 기간이라는 인고의 시간을 겪어냈기 때문일까? 아이가 더욱 특별하게 느껴진다.

나는 안전 교육 전문가와 같은 신념으로 육아를 시작했다. 철저히 준비하면 무슨 일이든 막아낼 수 있을 것이라고 믿었다. 그러나 모성 본능의 충만한 시간은 순식간에 지나갔다. 육아에는 변수가 많았다. 철저히 준비할수록 대비할 수 없는 상황이 많다는 것을 체감할 뿐이었다. 육아의 현실은 냉혹했고 처참했다. 출산을 하고 나면 한결 편할 거라고 생각했는데 착각이었다. 특히 출산 후 50일까지는 나의 정신은 먼 우주로 날아가서 돌아올 생각을 못했다. 다른 엄마들은 잘해내는 것 같은데, 나는 기저귀 채우는 것부터 쉽지 않았다. 완모_{완전모유수유, 모유 외에} 는 아무 것도 먹이지 않는 모유수유를 해내겠다는 욕심에 밤낮 지새우며 아이도 나도 고생이었다. 새로운 육아법을 배워 아이에게 적용하려고 하면 혼란스러움만 남았다. 집안일과 육아는 열심히 해도 티가 나지 않았다.

잘하고 싶어도 내 마음대로 되지 않는 것이 육아였다. 욕심을 낼수록 중요한 무언가를 놓치게 되었다. 욕심을 줄여야만 그나마 엄마라는 것을 배울 수 있었다. 먼저 내가 할 수 있는 것과 없는 것을 구분해야 했다. 어울리지 않는 옷을 입으면 불편하듯이 육아도 다르지 않다.

내 삶은 나의 것, 아이의 삶은 아이의 것

아이의 인생을 책임지느라 어느 덧 나를 잊어가고 있었다. 삶의 방향과 에너지가 완전히 아이에게로 전환된 것이다. 엄마는 아이에게 집착할 수밖에 없다. 아이가 잘 자라줘야 나의 노력이 보상 받을 수 있다고 생각하기 때문이다. 하지만 엄마의 이러한 마음도 얼마 되지 않아 무너지게 된다. 엄마 혼자 키워도 아이들은 엄마의 것이 아니다. 그러면서 책임은 엄마가 고스란히 짊어져야 했다. 억울한 마음이 들 수밖에 없다.

엄마가 되기 이전의 삶을 생각해보자. 사실 내 삶을 책임지는 것도 쉬운 일이 아니다. 나의 엄마도 내 삶을 책임져주지 않았다. 세상 누구도 나의 삶을 책임질 수 없다. 내 삶은 나의 것, 아이의 삶은 아이의 것이었다. 각자의 고유한 영역을 성장시키면서 적절한 분리가 이루어져야 한다. 엄마는 아이의 인생을 대신 살아줄 수 없다. 아이의 인생은 아이가 살아야 한다. 그러니 나는 나대로 내 인생을 준비하면서 아이를 키워야 한다. 육아가 힘든 이유는 내가 아이의 상태를 모르고 있기 때문이다. 아이가 내 기준에 맞지 않는다고 판단만 하고 있었지, 왜 그런지는 살피지 않았다. 왜? 힘드니까…. 왜? 잘 모르니까….

잘 키워야 한다는 과중한 책임감은 아이에 대한 첫사랑을 잊게 만든다. 지금 아이의 마음은 행동 속에 숨겨져있다. 엄마는 아이의 행동이 무엇을 의미하는지 찾아내야 하는 술래인 셈이다. 육아는 술래잡기와 같은 것이다. 이 사실을 나는 세 아이를 키우면서 생생하게 자각하게 되었다.

♥ 엄마, 보세요!

▶ 아이의 인생을 엄마가 책임지려고 하지마세요. 엄마의 인생을 바치기보다, 아이의 마음을 잘 찾아내면 육아는 한결 쉬워집니다. 육아는 아이의 천성과 가능성을 발견해가는 일입니다.

가족 모두가 막내 출산 후 100일 동안 전쟁을 치렀다. 다둥이 엄마의 고충이 무엇인지 대충 감이 잡혔다. 덕분에 막내는 수면 교육을 독하게 할 수 밖에 없었다. 수유도 15개월까지 하고 과감히 끊었다.

나는 그 전쟁 속에서도 공부와 일을 멈추지 않았다. 나중에 아이들에게 "너희 때문에 내 꿈을 포기했어."라는 말을 하고 싶지 않았기 때문이다. 절대로 '누구 때문에'라는 핑계를 대고 싶지 않았다. 아이의 자존감을 무너뜨리는 비난을 하고 싶지 않았다. 나는 그 말이 얼마나 오랫동안 아이를 아프게 하는지 뼈 속 깊이 알고 있다.

내 딸들이 육아를 하느라 꿈을 포기하는 모습을 본다? 생각만 해도 가슴이 찢어질 것 같다. 나는 육아를 하면서도 절대 꿈을 놓치지 않겠다고 다짐했다. 엄마의 삶을 통해서도 이룰 수 있다는 것을 증명해 보이고 싶었다.

나는 나의 버킷리스트 중 하나인 작가의 꿈을 실행하기로 했다. 책 쓰기 수업을 등록했다. 내가 반드시 이뤄야 할 꿈이었기 때문에 며칠 동안 남편에게 진심을 알렸다. 사전에 도와줄 이웃 엄마들도 섭외해뒀다. 처음에 남편은 부정적이었으나 진심이 전해졌는지 나중에는 앞장서서 나의 꿈을 지지해줬다. 아이들은 2주 만에 아빠 육아에 적응했다. 내가 자리를 비워도 아쉬운 기색이 없었다. 아빠는 부탁도 잘 들어주고 재밌는 것도 많이 보여준다고 한다. 가끔 아빠와 함께 넋이 나간 표정으로 즐겁게 노는 사진을 보내온다. 남편도 육아를 통해 진심으로 나를 이해하기 시작했다. 남편의 육아 자신감이 하늘을 찌르는 건 보너스였다.

수업을 마치고 집에 돌아오는 길, 뿌듯함으로 기분이 날아갈 것 같았다. 남편이 저녁 약속에 나갔다가 돌아오는 길의 감정도 고스란히 느껴보았다. 고마움, 미안함 그리고 나를 기다려주는 아이들과 남편에 대한 사랑이었다. 늦은 저녁의 가로등 불빛 속에서 모든 감정들이 어우러져 한없이 행복하기만 했다.

이런 엄마의 모습은 아이들에게도 강력한 자극이 된다. 엄마만큼 아이들에게 자극이 될 수 있는 사람은 없다.

02 '엄마되기'는 스스로 배워야 한다

"지금 가지고 있는 것으로 현재의 위치에서 최선을 다하라."
― 시어도어 루스벨트

엄마가 되어서야 마주한 '엄마'의 마음

나는 엄마를 겪어본 적이 없다. 엄마는 이렇게 하는 거라고 배운 적도 없다. 그런데 세상은 엄마인 나에게 슈퍼파워를 기대했다. 세 아이의 엄마로 살아가면서 나 역시 새롭게 다시 태어났다. 나에게 5세 이전은 어떻게 자랐는지 전혀 기억이 나지 않는 시기인데, 정작 엄마가 된 입장에서 아이를 보니 5세 이전은 가장 손이 많이 가는 시기였다.

나에게 엄마는 애써서 떠올려야 겨우 생각나는 대상일 뿐이었다. 무의식 속에서 내가 겪어본 엄마를 찾아내 아이를 키워야 했다. 그러나 나는 엄마와 살아본 기억이 거의 없다. 친아빠는 내가 3살 때쯤 큰 짐을 들고 작별 인사를 하며 뒤돌아섰다. 나는 아빠의 바지를 잡고 가지 말라고 서럽게 울었다. 그때 잡았던 바지자락의 촉감과 목소리가 아직도 잊히지 않는다. 그때의 기억이 생생한 것을 보니 큰 상처였으리라. 아빠는 얼마 후에 돌아와 나를 키우겠다고 데려갔다. 엄마는 몇 달 뒤에 아빠가 나를 고아원에 보내겠다는 말을 들었다고 한다. 기겁을 한 엄마는 나를 다시 찾아와 키우기로 했다. 엄마는 23살 싱글 맘의 삶을 선택하셨다.

1980년대 길음동은 가난한 동네였다. 대문을 열고 들어가면 크레파스처럼 집들이 빽빽하게 붙어있었다. 옆집과 옆집 사이의 벽은 발로 차면 뻥 뚫릴 정도로 허술했다. 공동 화장실을 사용했고, 마당에는 큰 수돗가가 있었다. 여름이면 같이 등목을 하고 겨울이면 김장을 함께 했다. 서로의 속사정까지 다 알고 살았으니 가족인 셈이었다. 우리 모녀는 가슴 아픈 사연을 가진 이웃으로 따스한 온정을 받으며 살았다.

엄마는 낮이고 밤이고 일을 해야 했다. 하루는 자다가 타는 냄새에 눈을 떴다. 캄캄한 방에 엄마의 온기는 없었다. 부엌에서 불이 났는지 연기가 가득했다. 문을 열고 밖으로 나가려는데 문이 열리지 않았다. 엄마가 급하게 야간 일을 나가다가 걱정이 되어 밖에서 문을 잠그고 나간 것이다. 울며불며 옆집 벽을 치며 살려달라고 소리쳤고, 옆집 아저씨가 문을 부수고 나를 구해줬다. 이 사건 이후, 나는 나주에 있는 외가로 보내졌다. 엄마의 기억이 하얀 여백으로 시작되는 순간이었다.

내 안에 쌓인 일상적인 엄마의 경험은 없지만 엄마가 되어보니 자연스럽게 알게 되는 것이 있었다. 삶의 중요한 순간마다 다시 경험하게 되는 '엄마'가 있었기 때문이다. 엄마가 되지 않았으면 몰랐을 감정을 마주하게 되었다. 엄마가 나를 외가에 보낸 것은 나를 버린 것이 아니었다. 엄마는 이대로는 위험하다고 생각하신 것이다. 그때의 결정은 나와 엄마를 살리려는 유일하면서 가장 현명한 선택이었음을 깨달았다.

엄마가 아니면 죽었다 깨도 모르는 일들

엄마가 되어보지 못하면 죽었다 깨어나도 모르는 일이 있다.

엄마가 되기 전 정규 교육과정에서 엄마를 배울 기회는 없었다. 육아 커뮤니티에서 출산 후기라고 써놓은 글들을 며칠씩 읽어보며 출산을 예습했다. 하지만 예습과 실제 출산은 상상 이상이었다. 양수가 먼저 터져버리니 아이가 나오고 싶어 하지 않아도 억지로 나오게 해야 했다. 양수가 터진 후에는 48시간 안에 출산을 해야 했다. 진통이 오는데 짐볼 위에서 "산모님, 뛰세요!"라니? 들어본 적도 없었다. 마지막 순간에는 내 몸집의 2배가 되는 간호사 두 명이 내 배를 힘주어 쓸어내렸다.

출산을 수월하게 돕는 조치였으나 상상도 못했던 일이다. '육아 · 교육 공부를 왜 했나.' 하는 순간이 수시로 찾아왔다.

첫째를 28시간 진통 끝에 낳았다. 엄마가 내 손을 잡아줬을 때 내가 뱉은 말은 "엄마도 이렇게 힘들었어?"라는 물음이었다. 엄마는 눈물을 글썽이며 "그럼, 힘들었지….."라며 말끝을 흐리셨다. 그러고 보니 나는 48시간의 진통을 겪은 후에야 세상 빛을 보았다는 말을 수없이 들은 기억이 떠오른다. 왜 그 말을 그렇게 자주 하셨는지 그제야 뼈 속 깊이 이해가 된다.

내가 낳은 아이는 내가 제일 잘 키울 수 있다는 믿음

출산의 과정은 자연분만, 제왕절개 가릴 것 없이 힘들고 고통스러운 여정이다. 하지만 출산을 하고 나면 황홀경에 빠져 엄청난 고통도 잊게 된다. 죽을 만큼 힘들었는데 둘째, 셋째를 또 낳았다.

여고를 다닐 때 뜬금없이 성교육이라며 출산의 과정을 적나라하게 그린 다큐멘터리를 보여줬다. 그 동영상을 보고 충격을 받았다. 아이 낳는 것에 대한 두려움만 키운 교육이었다. 출산의 과정은 임신한 뒤에 알아도 늦지 않다. 엄마가 된다는 것이 어떤 의미인지를 배우는 것이 먼저라는 확신이 들었다.

첫째를 28시간 진통 끝에 낳았다. 엄마가 내 손을 잡아줬을 때 내가 뱉은 말은 "엄마도 이렇게 힘들었어?"였다.

엄마는 눈물을 글썽이며 "그럼, 힘들었지…."라며 말끝을 흐리셨다.

육아를 하면서 망설여지거나 두려워하는 마음을 만나면 인정하고 다독여줘야 한다. 힘든 과정도 겪어봐야 행복한 육아가 무엇인지 가치를 알게 된다. 육아에 단기 속성 반은 없다. 나와 아이에게 맞는 육아법을 찾아가는 길고 긴 여정이다. 아이를 위해 도전하는 마음이 놀라운 변화를 일으킬 수 있다. 엄마만이 줄 수 있는 사랑과 고귀한 가치를 믿고 행동해야 한다. 내가 낳은 아이는 내가 제일 잘 키울 수 있다는 믿음으로 시작하는 것이 무엇보다 중요하다.

♥ 엄마, 보세요!

▶ 육아는 어렵지만, 다행인 것은 육아의 축적된 지혜를 어렵지 않게 배울 수 있다는 것입니다. 배우고 실천하면 육아에 자신감이 싹트기 시작합니다. 무엇보다 엄마가 자신을 믿고 시작하는 것이 중요합니다.

나는 수유를 하면서 아이의 눈을 바라보는 것이 좋았다. 첫째는 26개월 동안 모유수유를 했다. 밤중 수유도 25개월에 졸업했다. 아이가 "엄마, 오늘은 찌찌에서 포도 사탕 맛이 나요."라고 말할 때면 뭉클한 마음이 가득 차올랐다. 둘째를 임신하고 3개월이 지나니 자궁수축의 기미가 보였다. 아쉽지만 어쩔 수 없이 첫째의 모유수유를 끊기로 결정했다. 마지막으로 정들었던 찌찌와 작별인사를 하며 첫째는 아주 크고 서럽게 울었다. 알 수 없는 아쉬움에 나도 함께 대성통곡을 했다. 미안했고 서운한 마음까지 들었다. 지금 생각하면 눈물겨운 모성애였다.

당시 나에게는 모유수유에 대한 정보도 많지 않았다. 엄마들은 모유수유를 잘하면 '위너winner', 못하면 '루저loser'가 된 기분이라고 했다. 모유수유를 못하는 엄마들은 알 수 없는 죄책감을 가져야 했다. 나는 모유수유 전문가인 이근 교수님께 조언을 구하면서까지 성심을 다해 모유수유를 했다. 그런데도 끊을 때 죄책감을 꽤 오래 느꼈다. 어쩌면 내가 엄마 없이 자랐기에 그 보상으로 모유수유에 집착했는지도 모른다. 그러나 막둥이는 15개월에 깔끔하게 아쉬움 없이 모유수유를 끊었다. 곽윤철 모유수유 전문가의 조언을 참고했다.

시간이 지나자 모유수유에 대한 나의 생각도 변하게 된 것이다. 아쉬움보다 후련함이 컸다. 육아도 경험이 쌓여서 감정이 변한 것이다.

지금도 큰아이는 모유수유의 기억을 간직하고 있다. 둘째와 셋째는 사진을 통해서 나의 품에서 모유를 먹었던 자신들을 보곤 한다. 마치 기억이라도 하는 것처럼 행복한 표정을 짓는다. 아이들의 무의식에 분명이 따스한 기억으로 남았으리라. 이따금씩 젖병에 우유를 담아서 먹기도 한다. 모유수유를 하든 분유를 먹든 중요한 것은 상호작용이었다. 엄마의 품에서 눈을 마주하고 호흡을 나눌 수 있는 시간들을 더 없이 소중하게 여기길 바란다.

03 무거운 육아 책임감을 벗어 던져라

"아이는 관리되어야 하는 존재가 아니라
부모의 기쁨이어야 하고 소중하게 여겨져야 하는 존재다."
– 대니얼 J. 시걸

엄마들은 왜 저녁 약속을 못 잡지?

워킹맘들은 엄마들의 모임을 보면 부럽기도 하고 걱정이 되기도 한
다. 하지만 엄마들의 모임은 숨통이 트이는 하나의 창구다. 성격마다
다르겠지만 나는 분기에 한 번씩 같은 반 엄마들을 만난다. 정보도 교
환하고 스트레스도 풀었다. 만나고 나면 새로운 자극도 받았다. 우리
아이가 잘 크고 있는지 흐름을 살펴볼 수 있어서 좋았다.

오래간만에 첫째 아이 유치원 모임에 나가게 되었다. 유치원 이야기
를 시작으로 시댁 이야기까지 아우르다가 다음 모임에 대한 이야기를
하던 찰나였다.

"우리 다음에는 저녁에 모이자."

내 입에서 불쑥 튀어 나온 말에 엄마들이 깜짝 놀랐다. 물어보나마나 당연한 대답이 나왔다.

"저녁에? 안 돼~ 애들도 봐야 하고, 남편 저녁도 차려줘야 하고….."

말한 나도 '아차!' 싶었지만 계속 말을 했다.

"아이들 낳고 오롯이 혼자 저녁에 약속 나간 적 있어, 없어?"

다들 눈치를 보면서 대답은 못한다.

"없지? 나도 없어. 그러니까 우리 한번 해보자. 아빠들은 회사에서 저녁에 약속 있으면 늦게 오잖아. 저녁에 만나는 거랑 낮에 만나는 거랑 느낌이 다를 걸?"

말해버리고 나니까 깨달았다. '이게 내 진심이구나. 나도 그동안 참았던 거구나!' 2시간 남짓한 모임은 순식간에 끝나버렸다. 다음 약속 정하기를 흐지부지 뒤로 하고 헤어졌다. 집으로 돌아오는 내내 생각했다. 위기감이 느껴졌다. '최현정'이라는 존재가 사라질 것 같았다. 가슴을 솜방망이로 두드리는 것 같았다. 뭐라도 하지 않으면 답답해서 잠이 오지 않을 것 같았다. 종이를 한 장 꺼내서 '엄마들이 저녁에 나오지 못하는 이유가 뭘까?' 이것저것 떠오르는 생각을 적어 내려갔다. 결론은 이 것이었다. '육아 책임감'이 우리를 들었다 놨다 하고 있었다.

엄마의 지나친 '육아 책임감'은 허무함을 부른다

육아育兒 [명사] 어린아이를 기름.

책임감責任感 [명사] 맡아서 해야 할 임무나 의무를 중히 여기는 마음.

'육아 책임감'은 어린아이를 맡아서 기르는 데 해야 할 임무나 의무를 중히 여기는 마음이다.

내가 초등학교 3학년, 그러니까 10살 여름밤이었다. 누군가 문을 두 드렸다. 엄마는 통화를 하느라 문 두드리는 소리를 듣지 못하다가 뒤늦 게 부랴부랴 뛰어 나갔다. 순간 유리가 깨지는 날카로운 소리가 났고, 뒤이어 엄마의 비명소리가 귓가에 들려왔다. 달려가보니 아빠의 오른 손에서 피가 철철 뿜어져 나오고 있었다. 문을 두드려도 열어주지 않으 니 술김에 유리를 손으로 친 것이다. 구급차가 왔고, 엄마와 아빠는 병 원으로 급히 가셨다. 우리 남매는 내내 불안과 두려움에 떨어야 했다.

이후 모든 것이 변했다. 아빠가 손 수술을 한 번 할 때마다 거액의 돈 이 들어갔다. 세 번의 대수술을 했지만 소용이 없었다. 수술비 때문에

책임감은 어른이 되면 어느 순간 잊힌다.

그러다가 아이를 낳고 나서야 파도처럼 밀려온다.

거기에 내가 경험했던 부모님의 빈자리가 아련하게 떠오른다.

빚은 눈덩이처럼 커졌지만 아빠의 오른손은 기능을 완전히 상실했다. 1993년, 우리는 4년 먼저 슬픈 IMF를 맞이했다. 1년 정도 지나서야 아빠는 일상생활이 가능해졌다. 엄마는 여기저기 일거리를 찾아다니셨고, 두 분의 역할은 바뀌었다.

아빠는 엄마와 성향이 반대였고 결벽증까지 있었다. 엄마가 집에 있을 때보다 오히려 집이 말끔했고 우리도 단정했다. 아빠의 깔끔함 때문에 오후 5시가 되면 긴장을 했다. 나 역시 집안 청소와 저녁 먹을 준비를 해야 했다.

엄마가 재혼한 이후로는 방학이 되면 외가를 순회하면서 지내야 했다. 나는 장녀였기 때문에 어린 남동생과 떨어져야 하는 것이 마음에 걸렸지만, 방학 때마다 손꼽아 기다리던 소중한 시간이었다. 7명이나 되는 아이들이 나주 외할머니 댁에 모였다. 깨끗한 자연에서 마음껏 뛰놀며 자랐다. 밥 먹는 것을 제외한 모든 것을 스스로 해야 했다. 간식, 놀이, 숙제, 서로를 돌보는 것, 씻고 잠자리에 들기까지 우리가 직접 했다. 할머니는 농사일로 아침 일찍 나가셔서 밤에나 오셨기 때문이다. 자연스레 책임감이 생길 수밖에 없었다.

완벽함은 나의 습관이 되었다. 집안일과 학교 공부까지 스스로 계획하고 처리해야 했다. 결과에 대한 책임도 내가 졌다. 책임감은 나를 대표하는 하나의 단어였다. 반장 역할은 쉽게 느껴질 정도였다. 책임을 진다는 것에 두려움이 없었다. 그래서 육아 역시 혼자서 책임지려고 하고, 결과가 어떻든 다 내 탓이라고 생각했는지도 모른다.

맞벌이 가정에서 자란 엄마들이 많다. 나처럼 어릴 때부터 맡아서 해야 할 일들이 하나씩은 있었을 것이다. 이렇게 형성된 책임감은 어른이 되면 어느 순간 잊힌다. 그러다가 아이를 낳고 나서야 파도처럼 밀려온다. 거기에 내가 경험했던 부모님의 빈자리가 아련하게 떠오른다. 그런 이유로 육아 책임감은 더욱 크게 느껴진다. 물론 육아 책임감이 엄마를 성장시킬 수도 있다. 하지만 지나친 육아 책임감은 좋은 엄마 콤플렉스에 시달리게 한다. 아이가 어릴 때는 모르고 지나가지만 초등학생쯤 되면 서운함과 허망함이 밀려온다. 열심히 했는데 눈으로 확인할 수 있는 결과가 없기 때문이다.

'키운다'는 마음을 버리면 아이들이 '스스로 자란다'

사실 아이들의 내면에는 스스로 자라나는 힘이 있다. 세상에 나올 때도 나는 거들었을 뿐이고 90%는 스스로 해낸 것이다. 오히려 내가 무언가 해줘야겠다는 책임감이 아이가 스스로 자랄 힘을 방해하고 있었다. 아이들은 완벽하지 않아도 된다. 아이들이 스스로 채울 수 있도록 기다려주고, 그럴 여유가 있으면 저절로 채워진다. 엄마인 나도 완벽하지 않다. 이것부터 인정하기 시작하면 육아 책임감에서 조금씩 벗어날 수 있는 길이 보일 것이다.

"내가 없으면 우리 애들은 안 돼."가 아니라 "내가 없어도 아이들은 괜찮아!"라고 새로운 마음을 품었다. 갑자기 묘한 웃음이 나왔다. 벌써 가벼운 느낌이 들었다.

내가 키우려는 생각을 버리면 아이들이 알아서 자란다. 나는 육아란 아이들이 스스로 자랄 수 있는 기본 환경을 제공해주는 것이라고 생각했다. 시간이 지나 돌이켜보면, 아이들이 성장할수록 스스로 해내는 것이 많았다.

"엄마, 내가 할 수 있어요! 기다려 봐요."

이런 말을 들을 때는 대견하기도 했지만 오히려 섭섭하기도 했다. 아이가 해낼 때까지 믿고 기다려주는 것이 엄마의 역할이다. 기다려주기만 해도 아이들은 살아갈 방법을 스스로 찾아내기 때문이다. 내가 꿈꾸는 이상적인 육아는 소중한 것의 우선순위를 정하는 것에서 시작한다. 이상형 월드컵 게임을 하는 것처럼 우선순위를 정했다. 당장 어지럽혀진 방보다 아이들에게 책 한 권을 읽어주는 것을 선택했다. 아이들에게

"책 읽고 같이 치울까?"라고 말하면 흔쾌히 "네!" 하고 대답한다.

엄마의 역할에 대한 고정관념도 조금씩 지워버렸다. 아이들에게 재료를 준비해주고 꼬마 김밥을 만들어달라고 했다. 아이들은 신나게 자기가 원하는 재료들을 넣어서 김밥을 만들어주었다. 정성이 가득한 김밥! 이보다 맛있는 저녁은 없다.

육아 책임감에서 조금씩이라도 벗어나자고 마음먹어보라. 가끔이라도 좋으니 육아 책임감에서 벗어나 내가 좋아하는 것에 집중해보자. 엄마가 자신을 돌보기 시작하면 '할 수 있다'는 자신감이 생긴다. 자신감은 곧 엄마의 자존감이 된다. 엄마 스스로에게 흔들리지 않는 내면의 힘이 생기는 것이다. 엄마의 자존감이 올라가면 아이들에게도 깊은 신뢰를 얻을 수 있다.

♥ 엄마, 보세요!

▶ 엄마의 지나친 육아 책임감은 아이가 스스로 자랄 기회를 박탈합니다. 엄마도 엄마의 삶을 살고 꿈을 좇으세요. 그렇게 생긴 자신감과 자존감이 아이들을 더 잘 키울 수 있는 힘을 줍니다.

아이가 엄마와 떨어져 있기를 너무 힘들어해요. 문제가 있는 걸까요?

모든 아이들은 "엄마가 없으면 안 돼!" 기간을 겪습니다. 육아를 해본 엄마라면 누구나 공감하실 겁니다. 엄마와 떨어지기 싫어하고, 엄마가 보이지 않으면 웁니다. 아빠도 장난감도, 할머니 할아버지도 소용없고, 함께 있으면 하루 종일 안아 달라 칭얼거리지요.

부모와 떨어질 때 심한 불안이나 불편함을 느끼는 아이의 심리를 '분리 불안'이라고 부릅니다. '분리 불안 장애'와 같이 큰 문제라고 생각해서 빨리 해결하려고 하는 경우가 있는데, 분리 불안은 사실 자연스러운 현상입니다.

대개 생후 6개월쯤부터 주 양육자와 애착 관계가 강하게 형성되는 시기부터 이러한 반응을 보이기 시작합니다. 그러므로 분리 불안이 나타난다는 것은 반대로 말하면 '주 양육자와 애착 관계가 성공적으로 맺어진 상태'라는 의미이기도 하지요.

분리 불안은 대부분 성장하면서 약해지고 사라집니다. 그러나 2~3세 이후의 분리 불안이 일상생활에 지장을 줄 정도로 심하다면 전문 상담 기관을 찾아 상담 및 치료를 받아보는 것이 좋을 것 같습니다.

04 육아에도 '엄마' 공부가 필요하다

"무슨 일이든 할 수 있다고 생각하는 사람이 해내는 법이다."
– 정주영

'엄마 자격증'이 필요하다

남편이 축구를 보자며 TV를 틀었다. 채널을 돌리다가 억장이 무너지는 보도를 보았다. 가정폭력으로 얼룩져 참혹한 아이의 모습이었다.

"도대체 왜들 저러는 거야? 자기 아이인데 저러고 싶을까?"
남편의 분노 섞인 물음에 나는 깊은 한숨이 새어 나왔다.

"그러게…. 어쩌다 저렇게 됐을까? 아이들한테는 엄마가 전부였을 텐데…. 이래서 부모도 자격증이 필요하다니까."

엉겁결에 나온 말이지만 심각하게 생각해볼 문제였다. 가정폭력의 사례를 보면 부모가 폭력인 줄 모르고 저지르는 경우가 많다. 기초적인 부분을 모르기 때문에 문제가 더욱 커지는 것이다.

엄마도 자격증이 필요한 이유는 실수를 줄일 수 있기 때문이다. 실수는 정확한 방법을 모르기 때문에 반복되는 것이다. 크게는 가정폭력, 이밖에 모유수유부터 감정 문제까지 육아의 여러 문제들을 근본적으로 해결하기 위해서는 제대로 된 공부가 필요하다.

상담자이자 선생님이자 '엄마' 역할에 필요한 공부

나는 욕심이 많아서 뭐든 하고 싶어 하고, 또 잘해내야 직성이 풀린다. 교육학 공부를 하면서도 새로운 환경을 접하면 늘 가슴이 뛰었다. 그러니 육아는 또 얼마나 잘하고 싶었겠는가? 당연히 육아도 잘하고 싶었다.

공부를 하면서는 현장에서 경험을 쌓지 못했던 것이 아쉬웠다. 육아에 집중하면서 내 아이들을 통해서 공부를 해야겠다는 생각이 들었다. 하지만 배운 이론들이 우리 아이들에게 쉽사리 적용되지 않았다. 직접 아이들을 키워보니 10년 넘게 공부했어도 통하지 않는 부분이 많았다. 교육 현장에서는 어려움 없이 해결했던 상황들이 이상하게 낯설었다.

부끄러운 기억이 있다. 5살이 된 첫째 다연이가 한글에 관심을 보였을 때, 겨우 관심만 보였을 뿐인데 성급하게 가르쳐보려고 했던 것이다. 지금 생각하면 그때 우리 부부의 태도는 실로 충격적이었다. 남편이 한글을 가르치다 말고 나에게 속닥거렸다.

"여보, 우리 다연이 바보인가 봐…. 방금 가르쳐줬는데도 몰라."
다연이가 들을까 봐 손으로 그 입을 틀어막고 싶었다.

"무슨 말을 그렇게 해? 비켜봐. 내가 가르칠게."
나는 통 글자는 욕심이라고 생각했다. 그래서 가볍게 자음에 대해서 가르치기로 했다. 그런데도 다연이가 몇 분째 'ㄱ'과 'ㄴ'을 구분하지 못하자 똑같이 욱해버리고 말았다.

"다연아, 하지 말자! 조금 더 있다가 배워도 될 것 같아."

말투는 살가웠지만 가슴 속에 부글부글 화가 치밀어 올랐다. 내 딸이라 욕심이 생기고, 마음이 급해진 것이다. '아, 그래서 중이 제 머리 못 깎는다고 하는 거였구나! 선배님들이 내 아이 공부는 다른 선생님께 맡기라고 했던 이유가 있었어.' 남편과 나는 한 가지 약속을 했다. 책은 언제든 읽어주되 억지로 뭔가를 가르치지는 말자고 말이다.

육아의 시간에 나를 묻어두지 말자. 나를 발견하는 시간으로 생각하자.

육아를 공부한다는 것은 사람을 공부하는 것이다.

삶을 사는 것은 결국을 사람을 알아가는 것이다.

실제로 심리학에서 상담자는 내담자와 이중관계를 절대 맺지 않는 것을 원칙으로 한다. 예상치 못한 변수와 책임 문제가 발생할 수 있기 때문이다. 가족이나 가까운 사람을 상담하지 않는 이유도 마찬가지이다. 상담 목표를 달성해야 하는데, 상담자와 내담자 사이에 이중관계가 맺어져 있으면 불필요한 감정 문제들이 얽혀버린다. 그것만큼 골치 아픈 것도 없다. 하지만 나는 상담사이면서 동시에 '엄마'였다. 나는 교육 이론을 엄마의 입장에서 다시 공부해야 했다.

육아를 통해서 내 아이를, 사람을, 삶을 공부하라

요즘에는 육아에도 트렌드가 있다. 하지만 아이마다 성향도, 환경도 다르니 절대적인 육아법은 없는 셈이다. 그래서 육아를 공부하지 않으면 넘쳐나는 정보에 휩쓸릴 수밖에 없다.

육아 공부를 멈추지 않는 내게 주변의 엄마들이 묻는다.

"육아할 시간도 없는데 공부는 도대체 언제 해?"
"틈틈이 하거나 아이들 잘 때 하지."

하지만 육아를 하면서 공부를 하기 위해 잠을 줄이니까 건강 상태에 적신호가 켜졌다. 다른 방법을 찾을 수밖에 없었다. 아이들을 등원시키고 나면 조금 여유로웠다. 막둥이를 돌보면서 한두 시간씩 육아 프로그램이나 다큐멘터리를 시청하면서 정보를 모았다. 처음에는 닥치는 대로 다 흡수했다. 그런데 밥도 갑자기 많이 먹으면 체하듯이 정보도 과잉 축적되니 소화를 할 수가 없었다. 그래서 내가 좋아하는 프로그램을 골라서 1회부터 순서대로 보기로 했다. 기본적인 이론을 크게 벗어나지 않는 범위 안에서 시청했다. 아이들에게도 도움이 되고 나만의 육아법을 정립하기에 수월했다.

유행하는 육아법을 공부하기 보다는 교육서나 심리학 등 기본 이론서를 먼저 살펴보는 것이 좋다. 『부모공부』 같은 교양서로 편하고 재밌게 접근해도 된다. 세 아이를 키우는 양현진 작가의 『아빠 육아 공부』라는 책도 추천한다.

육아의 시간에 나를 묻어두지 말자. 나를 발견하는 시간으로 생각하자. 육아를 공부한다는 것은 사람을 공부하는 것이다. 삶을 사는 것은 결국은 사람을 알아가는 것이다. 내 아이를 통해서 아름다운 삶을 알아가는 기회를 갖길 바란다.

♥ 엄마, 보세요!

▶ 육아가 어렵다고 매몰되어 있지 말고, '에너지와 생기가 넘치는 나는 무엇이든 할 수 있다!'라고 선언하세요. 삶은 '사람을 앎'의 줄임말입니다. 내 아이를 통해 삶을 공부하는 엄마가 되세요.

감정조절 육아 이야기
'공감의 뿌리'를 통해 보는 육아 공부의 중요성

몇 년 전 TV에서 캐나다의 '공감의 뿌리'라는 교육 프로그램이 소개된 적이 있다. 교육 프로그램에는 우리나라 연령으로 초등학교 저학년인 아이들, 엄마와 갓난아기가 함께 참여한다. 3주마다 엄마와 아기를 학교로 초대해 수업을 진행하는데, 아이들은 아기의 발달 과정을 1년 동안 함께 하면서 생각과 느낌을 공유한다. 이 시간 동안 간접 경험이지만 부모가 되는 경험을 할 수 있다. 단계별로 필요한 육아 기술을 습득하고 아기와 공감을 나눈다. 이 교육 프로그램을 지속적으로 받자 아이들의 공감능력이 눈에 띄게 향상되었다. 공격 행동은 줄어들었고, 부모가 된다는 것과 육아에 대한 사고도 달라졌다.

나는 이 프로그램이 교육자와 엄마, 나아가 모두를 만족시킨다고 생각했다. 교육 선진국에서는 출산 과정이 아니라 출산 후를 교육한다. 부모와 아기와의 관계와 그 과정에서 아기에게 필요한 보살핌을 알려준다. 또한 외국에서는 아이를 양육하는 현장에서 필요한 실전 육아법을 교육하기 시작했다. 육아에 대한 자신감과 두려워하지 않는 태도를 길러주는 것이다. 일찍부터 관련한 교육을 받고 자란다면 결혼과 출산이 어려운 것만은 아닐 것이다. 더불어 육아 공부는 예비 부모들에게 육아 자신감도 심어줄 수 있다.

기본으로는 지역구에서 실시하는 부모교육 프로그램을 추천한다. 되도록 부부가 함께 듣기를 바란다. 아이를 잠시 맡기더라도 듣는 것이 남는 것이다. 그렇게 하기 힘들면 부부 모두 부모교육 이론서를 구입해서 한 번이라도 정독하자.

남편과 아이의 이야기를 나눌 때 한쪽이 기본적인 부분조차 모르면 손발이 맞지 않는다. 남편도 아이를 알고 싶어 한다. 기회를 주자. 부부가 함께 나누는 육아 정보가 많으면 육아를 할 때 뿐 아니라 부부 관계에서도 큰 도움이 된다. 부모가 발달 상황만 정확히 숙지해도 육아에 대한 두려움이 줄어든다.

이대성 한국재난안전연구소 대표님은 평생교육에 대한 열정도 남다른 분이시다. 진정한 교육은 콘텐츠와 강의 기술보다는 그 안에 담겨진 메시지를 전달하는 것이라고 하셨다. 대한민국의 교육을 변화시키고자 큰 뜻을 품고 계셨다.

엄마들과 뜻을 나누지 못하는 교육은 큰 성과를 기대할 수 없다. 나는 교육을 통한 좀 더 나은 대한민국을 꿈꾸고 있다.

교육은 '주체적으로 적극적인 앎'으로 삶을 변화시킬 수 있는 최선의 방법이다. 나는 교육의 긍정적인 영향을 많은 사람들이 깨닫기 바란다.

05 전략과 계획을 세워 육아 고수가 되라

"우리가 우리 아이들에게 줄 수 있는 가장 큰 선물은
우리가 가진 귀중한 것을 아이들과 함께 나누는 것만이 아니라
자기들이 얼마나 값진 것을 가지고 있는지 스스로 알게 해 주는 것이다."
— 아프리카 스와힐리 격언

아이가 어리고 많을수록 육아 전략이 필요하다

수원으로 이사 와서 첫 외출을 했던 날은 몹시 추웠다. 둘째 임신으로 병원에 가던 길이었다. 길가에 서서 택시를 잡으려 손을 휘저었으나 택시는 보이지 않았다. 임신 7개월째, 부푼 배를 왼손으로 받치고 오른손으로는 큰아이의 손을 잡았다. 버스 정류장을 도저히 찾을 수가 없었다. 우여곡절 끝에 버스 정류장을 찾기는 찾았는데, 대기 시간이 15분이나 남은 게 아닌가? 갑자기 울컥 화가 났다.

남편에게 전화를 해서 다짜고짜 신경질을 냈다. "아니, 우리를 택시

도 안 잡히는 곳에 살게 한 거야?" 남편은 당황하면서 미안하다고 했다. 임신 중에 볼 수 있는 전형적인 까칠 모드라는 것을 알았던 것이다. 내내 나를 어르고 달래줬다. 한바탕 감정을 쏟아내고 나니 마음이 후련해졌다. 아까부터 첫째는 아무 말 없이 내 배를 만지고 있었다.

"엄마, 태양이도 춥겠다. 나도 추운데…. 여기 택시가 없는 곳이에요?"

나는 그때까지 첫째가 힘들 것이라는 생각은 못하고 있었다. 아차, 싶었다.

"다연아, 미안해. 엄마가 생각을 못했어. 우리 다연이 춥지 않아?"
"괜찮아요. 엄마랑 태양이 보러 가니까 가슴이 콩닥거려요."

기특하고 고마웠다. 큰아이는 뱃속에 있는 동생까지 생각하고 있었다. 나는 내 생각만 했는데 말이다. 하루 종일 만삭의 몸으로 다녀보니 둘째까지 키운다는 것이 엄두가 나질 않았다. 자격증에, 벌여둔 학교 공부까지 할 생각에 막막함이 몰려왔다. 이렇게는 아이들도 고생이고 나도 고생일 것 같았다. 가족이 많아질수록 할 일이 많아진다.'라는 말이 실감났다. 정신없는 스케줄을 통합해야겠다는 생각을 했다.

예전에 스터디 카페를 운영했던 노하우를 활용하기로 했다. 다행스럽게 목표에 도달하는 방법들은 머리가 기억하고 있었다. A4용지를 꺼내서 일단 가족의 이름을 다 적었다. 가족들 이름이 적힌 종이마다 1년을 분기별로 나누었다. 필수적으로 신경 써야 할 내용들은 체크박스로 만들었다. 매일 반복되는 일들은 우선순위에 맞춰 순서대로 기록해두었다. 하루 일과가 정리되었고, 어느새 할 일들이 생생하게 그려졌다. 홀가분한 느낌이 들었다. 문구점에서 사둔 코팅 종이를 사용해서 깔끔하게 잘라 냉장고 문에 붙여두었다. 육아와 공부 뭐든 할 수 있다는 자신감이 불끈 솟았다.

엄마가 되기 전에는 예쁘게 다이어리도 썼다. 계획에 맞춰 일과를 보내고 성취감도 제법 느꼈었다. 그런데 육아는 그러지 못했다. 한 번 한계를 느끼고 난 후에는 자연스럽게 손을 놓고 하루하루를 보냈다. 주먹구구식으로 당장 일이 닥쳐서야 처리해 많은 시간이 낭비됐다. 어떤 날은 하루를 어떻게 보냈는지도 몰랐다. 그런 날이면 허탈감이 2배였다.

육아에도 전략이 필요하다. 아이들이 어릴수록 계획을 세워야 한다. 생활 패턴이 단순하고 순서가 정해져 있기 때문에 충분히 여유 시간을 만들 수 있다. 아이의 생활 리듬을 지켜주는 계획이면 좋다. 일단 계획을 세워두면 신경을 곤두세우지 않아도 된다. 건망증이 심하다고 자책할 필요도 없다. 반복되는 중요한 일은 알람을 사용하자.

아이가 막 태어났을 때는 수유의 양과 기저귀 개수도 체크하면서 열성적으로 아이를 키우지 않았는가? 이런 엄마의 열정이 있다면 어렵지 않다. 나와 내 아이를 함께 보살피며 성장할 수 있다. 더 이상 미루지 말자. 종이를 꺼내서 가족 구성원의 역할 분류부터 시작해보자. 아래에 우리 가족 일정표의 일부를 정리해보았다.

2018년 우리 가족 일정 체크표								
구분	재범		서연		다연		현정	제영	
매일	등원 준비						하루 계획 세우기	하루 일정 체크	
	위생 상태 확인						산책, 기도	등원 가방	
	내일 준비						내일 준비	내일 준비	
매달	교육비 및 의류, 소모품, 도서 구입						가계부 정리	차량 점검	
	발달 속도와 단계 확인						세무 업무	가족 행사 체크	
3개월	예방 접종		예방 접종		봉사활동		100일 목표	모임 일정	
	치아 상태		영유아 검진		방과후 신청		여행 일정	가족 여행	
6개월	예방 접종		영유아 검진		학기별 신청		원고 쓰기	건강검진	
1년	한 해의 목표 점검, 아이들 성장 체크								

기특하고 고마웠다.

큰아이는 뱃속에 있는 동생까지 생각하고 있었다.

나는 내 생각만 했는데 말이다.

육아에 활용할 수 있는 것을 다 동원해라

"우와, 휴대폰이랑 TV랑 연결해서 볼 수 있어? 세상에! 역시 사람은 배워야 해!"

점심도 먹을 겸 우리 집에 놀러온 다른 엄마가 감탄하며 말했다. 지금은 많은 사람에게 익숙하지만 초창기에는 이런 '스마트 뷰Smart View' 기능을 모르는 사람들이 많았다. 사실 나도 이 기능을 찾아내고 "유레카!"를 외쳤다.

'이래서 스마트폰, 스마트폰, 노래를 하는구나!'

스마트폰을 비롯한 디지털 기기들을 제대로 알고 활용하면 육아에 활력을 줄 수 있다. 나는 새로운 것들이 나올 때마다 육아에 활용할 수 있는 방법을 생각해 봤다. 아파트에서 살고 있으니 층간 소음에서 자유로울 수는 없었다. 위층에서 낮밤 가리지 않고 들려오는 소음 때문에 스트레스를 받았다. 그래서 '자연의 소리' 애플리케이션을 찾았다.

잠들기 전 아이들과 책을 읽을 때 살며시 틀어놓고 수면을 유도한다. 잘 때도 틀어놓고 수면 모드로 만들어뒀다. 들으면 잠이 오는 자장가처럼 말이다. 나 역시 예민한 성격인 탓에 작은 소리에도 쉽게 깼다. 그러나 이제는 짧아도 깊게 잔다. 아이들도 바깥 소음보다 자연의 소리에 익숙해져서 충분한 수면을 한다. 집중해서 열심히 놀아주고, 이 앱을 사용해서 먼저 잠들게 하면 집안일도 할 수 있고, 남편과의 오붓한 시

간도 누릴 수 있다. 백색 소음이 수면의 질을 향상시킨다는 연구 결과
도 있다.

기질적인 면도 환경을 개선하면 얼마든지 변할 수 있다. 의외로 작은
소리에도 깨는 예민한 아이들이 많다. 덩달아 엄마의 불면증도 야기한
다. 엄마가 먼저 전략을 세워보라.

복합기는 활용도가 높다. 색칠 공부 그림을 다양하게 출력하거나 만
들 수 있어서 편리했다. 아이들의 흥미도 끌고 인기 만점이다. 아이들
에게 노래를 들려주고 싶은데 스마트폰으로 엉뚱한 영상을 볼까 봐 망
설이는 경우가 있다. 그럴 때는 블루투스 스피커를 활용하자. 아이들도
신기해하고 사용하기도 편리하다.

계획표 만들기로 육아 고수가 될 수 있다

주말에 아이들과 함께 키즈 카페에 놀러 가면 초보 엄마들은 경이롭
게 쳐다본다.

"저는 하나도 너무 힘든데 셋을 어떻게 키워요?"

진심으로 대단하다고 생각하는 것 같았지만 나는 부끄러웠다.

"한 명 키우고 두 명 키워보니 셋도 어떻게 키우네요. 저희 아이들이
알아서 잘 자라줬어요."

육아 고수, 쉽진 않지만 방법만 제대로 알면 넘지 못할 벽은 결코 아니다. 물론 내가 아이 셋을 키워서 저절로 고수가 된 것은 아니다. 아이 셋을 키우기 위해 모든 방법을 동원하다 보니 고수가 된 것이다. 육아를 정신없이 하고 있는가? 한 시간 정도 시간을 내서 육아 계획표를 세워보자. 내 블로그에 실제로 내가 썼던 계획표들을 다운받도록 업로드 해두었다. 작은 실천이 육아 고수가 되는 첫 걸음일 수 있다는 것을 명심하자.

♥ 엄마, 보세요!

▶ 자투리 시간 투자로 육아의 방향성을 잡을 수 있습니다. 엄마만의 시간도 가질 수 있습니다. 지금 바로 계획표부터 세워보세요. 하루를 어떻게 보내는지 알아야 여유시간 확보도 가능합니다.

세워준 계획은 잘 지키는데 도와주지 않으면 계획표를 잘 못 만들어요

시간을 효율적으로 쓰기 위해 계획을 짜는 것인데, 엄마 눈에는 오히려 계획을 짜느라 시간을 다 보내는 것처럼 느껴질 수 있습니다. 답답해도 계획표를 대신 세워줘서는 안 됩니다. 물론 처음에는 하나하나 차분히 함께 계획표를 짜는 것이 좋습니다. 하지만 그 다음에는 아이 스스로 계획표를 만들어보도록 해야 합니다.

스스로 계획을 세울 수 있도록 기다려주세요. 다 만들어진 것이 허점투성이에 부족해 보여도 일단 그 계획을 실천하게 한 후에 이야기하세요. 함께 점검하며 무엇이 부족했고 무엇을 보완해야 하는지 아이가 스스로 느낄 수 있도록 해야 합니다.

06 육아는 실전, 온 가족을 동원해라

육아 이론서에는 '우리 아이' 편이 없다

"우리 아이만 뒤처지는 것 같아요. 말도 늦는 것 같고….”

"아이가 몇 개월인데요?"

"28개월이요. 산후조리원 동기 아이들 중에 우리 아이만 말을 못해요!”

엄마의 하소연에 대한 나의 답변은 "아직은 아니에요."였다. 이론적으로는 언어에 대한 평균 시기로 내 아이의 수준을 가늠할 수 있다. 그러나 가족 구성원이 어떻게 다른지만 따져보아도 언어발달 수준은 천

차만별이다. 형제가 있는 아이들 혹은 조부모와 함께 사는 아이들은 언어의 자극 수준이 다르다. 그러니 외동인 아이를 형제가 있는 아이와 비교해서는 안 된다.

나는 조급증에 시달리고 있는 엄마를 안심시켰고, 얼마 지나지 않아 말이 트였다는 소식을 전해 들었다. 내가 실전 육아법을 고수할 수밖에 없는 이유가 있다. 세상에 나와 똑같은 상황의 엄마는 없다. 내 아이들과 똑같은 아이들도 없다. 비교할 대상은 없다는 것이다. 세상에 하나밖에 없는 엄마와 고유한 특성을 가진 우리 아이가 만났기 때문이다.

육아 이론서에는 '첫째와 둘째 키우기', '셋째 함께 키우기'라는 챕터는 없었다. 모든 것이 실전이었다. 나만의 육아를 할 수밖에 없었다. 이론은 이론일 뿐, 참고하는 것으로 남겨두는 것이 현명했다. 나도 모르게 아이를 다른 아이들과 비교하게 되는 것은 알고 있다. 그럴 수밖에 없음을 인정한다. 그럴 때는 주위 환경과 양육 방법 등 모든 요소를 동일하게 맞춰보면 된다. 그렇게 하면 비교가 얼마나 의미 없는 행동인지 알게 될 것이다. 오히려 내 아이에게 맞는 육아법을 정립하는 것이 더 빠른 길이다.

실전 육아의 성공 비법은 남편의 역할 설정

실전 육아의 성공은 남편에게 달려있다. 남편이 주말에도 일하거나 평일에 늦게 귀가하면 육아는 힘들 수밖에 없다. 아이들에게는 아빠를 통해 배워야 할 인성적인 부분이 많다. 특히 사회성 같은 경우에는 아빠의 역할이 크다. 교육학자 페더슨은 생후 5개월부터 아빠와의 관계에 따라 사회성에 많은 차이가 날 수 있다고 강조했다. 영국 뉴캐슬대학에서 1958년에 영국인 남녀 1만 1천여 명을 대상으로 진행된 생애추적 연구가 있다. 연구 결과, 어린 시절에 아빠와 독서, 여행 등으로 시간을 함께 보낸 사람들이 그렇지 않은 사람들보다 지능 지수와 사회적 성공 지수가 높았다.

나는 자연스럽게 남편에게 집안일을 '도와달라'고 말했다. 그랬더니 남편이 스스로 역할을 '도와주는 사람'이라고 정해버렸다. 어느 날은 도와주지 않은 것에 대한 서운함이 빗발쳤다. 남편도 도와주지 못한 것에 미안함에 죄책감을 느끼는 것 같았다. 상황이 몇 번 반복되니 싸움이 되었다.

무언가 해결책이 필요했다. 역시나 문제는 고정관념이었다. 초반에 생각한 역할 설정부터 잘못이었다. 남편과 내가 만든 가정이고 아이들 역시 우리의 아이들이었다. 남편은 육아를 '도와주는 사람'이 아니라 '당연히 함께 하는 사람'이어야 했다. 그래서 그 날부터 당당하게 요구하고 함께 하자고 말했다. 남편도 내 이야기를 듣더니 빠르게 인정하며 동의했다.

육아가 이론과 다를 수밖에 없는 이유는 남편의 역할이 잘못 설정되었기 때문이었다. 지금은 남편이 일상에서 많은 것을 도와준다. 나 혼자 다 잘하고 있다는 착각이 들 정도이다. 그만큼 남편은 많은 면에서 조용히 함께 해주고 있다. 육아는 엄마와 아빠가 함께 해야 하는 것이다. 이렇게 기본부터 다시 정립해야 한다.

할머니 할아버지와 아이들 사이에서 균형을 잡아라

육아를 하면서 이론과 다르다고 가장 크게 느낀 상황이 있다. 바로 부모님과 함께 있을 때이다. 무슨 말이냐고? 내가 아무리 육아법을 확고히 세우고 고수해도 시부모님의 말 한마디면 아이들은 자유를 얻었다. 물론 친정 부모님도 마찬가지였다. 일관된 육아를 할 수 없는 가장 큰 요인이라고 해도 과언이 아니다.

출산율이 떨어져 예전과 달리 아이들이 귀해져서 그런지, 할머니 할아버지의 손자 사랑이 더욱 깊어졌다. 아이들도 자연스럽게 서열을 생각하고 그에 따라 행동을 바꾼다. 그래서 일정 시간이 지나면 멋대로 행동하기 시작한다. 육아 초보일수록 이러한 상황이 스트레스로 다가올 것이다. '어떻게 만들어놓은 생활습관인데….'라는 생각이 머릿속을 맴돈다. 역시나 이론서에는 '부모님과 함께 육아하기' 편은 없었다.

지금은 남편이 일상에서 많은 것을 도와준다.

나 혼자 다 잘하고 있다는 착각이 들 정도이다.

그만큼 남편은 많은 면에서 조용히 함께 해주고 있다.

시댁에 가서 아이들이 마음대로 하기 시작하면 머리가 복잡해진다. 나도 육아 공부를 오래 했지만 경험적으로 설득당하는 부분이 있다. 경험의 지혜라고 생각하니 받아들이기가 쉬웠다. 하지만 그렇지 않은 부분은 명확하게 이야기해서 내 역할을 잊지 않도록 했다. 내 아이를 가장 잘 아는 것은 나이기 때문이다. 가령 먹는 것에 대한 염려가 된다면 미리 언급을 하는 편이다. 최대한 자유를 허락하는 선에서 한계를 설정해줬다.

"아이들, 집에서는 아이스크림 하루에 1개씩만 먹여요. 혹시 버릇없게 말하면 혼내주세요."

아이와 할머니, 할아버지 관계를 존중하라

할머니, 할아버지는 아이들에게 편하게 마음껏 기댈 곳을 만들어준다. 시아버지께 여쭤본 적이 있다.

"아버님, 애들이 그렇게 예쁘세요? 다연 아빠 키울 때보다 몇 배 예뻐요?"

"엄청 예쁘지~ 너희들 키울 때는 우리가 돈 버느라 정신없어서 예쁜 줄도 모르고 키웠어. 지금 손자, 손녀를 보니 한 30배는 더 예쁜 것 같구나."

갑자기 시골에서 농사지으며 나를 키워주신 외할머니가 생각났다. 눈물이 핑 도는 걸 간신히 참았다. 외할머니만 생각하면 가슴 속 깊은 곳에서 감정이 올라왔다. 깊고 큰 사랑을 주셨던 할머니가 보고 싶었다. 감사하고 또 감사한 마음이고, 누구도 줄 수 없는 고귀한 사랑을 주신 분이었다. 내 삶에 할머니가 없었다면 나도 없었을 것이다. 그만큼 나에게는 소중하고 아무도 끊을 수 없는 깊은 관계를 맺고 있다.

부모에게는 아이들을 잘 키우고 싶은 욕심이 있다. 그러나 부모 욕심에 아이들에게 더 없이 소중한 할머니, 할아버지와 관계까지 간섭하면 안 된다. 부모와는 또 다른 무한한 사랑을 주고 끊임없이 격려를 해주실 분들이다. 아이에게 소중한 분들이라고 생각하면 마음이 편안해진다. 부모를 제외하면 세상에 누가 아이들을 조부모처럼 사랑해주겠는가?

육아는 이론과 다르다. 계속 연습만 할 수 없다. 100% 실전이다. 육아를 하다 보면 내 아이에게 맞는 실전 육아법이 생기기 마련이다. 그럴 때 이론과 접목하면서 올바른 방향을 설정해나가는 것이 중요하다. 여유를 가지고 이론과 실전의 차이를 줄여나가는 것이 진정한 육아법일 것이다.

▶ 육아는 실전입니다. 이론을 적용하자는 욕심은 버리고 소중한 것만 남기는 것이 똑똑한 육아법이지요. 그 과정에서 부모와 자녀가 서로 배려하고 존중하는 관계를 유지하는 게 좋습니다.

유독 우리 아이들은 '모로 반사'가 심했다. 모로 반사는 깜짝 놀라는 것처럼 팔다리를 움츠리는 반응이다. 시부모님께서는 엄마 뱃속에서 나온 아이들이 추워한다고 말씀하셨다. 방도 더운데 속싸개로 꽁꽁 싸두신 덕에 태열이 심해졌다. 선선한 온도가 좋다고 공부를 했는데, 시부모님과 함께 키우니 육아가 내가 생각하는 대로 되지 않았다. 게다가 시어머님은 산후관리사 자격증도 갖고 계셨기 때문에 나의 육아 방식을 고수하기가 쉽지 않았다. 하지만 좋은 점도 많았다. 시어머님 덕에 면 기저귀도 썼다. 이밖에도 좋다는 것은 다 해볼 수 있어서 감사했다.

한편, 가족마다 잘 하는 것이 있으면 역할분담을 할 수 있다. 엄마가 할 수 있는 것은 수유와 재우기이다. 속싸개 싸는 것은 오히려 남편이 더 잘하는 것 같았다.

'잘하는데? 이건 남편에게 부탁해야겠다.'

'도와주는 사람'에서 '당연히 함께하는 사람'으로 자리바꿈해준 남편은 이제 가장 끈끈한 육아 동지가 되었다.

07 아이는 엄마의 소유물이 아니다

"당신의 아이는 당신의 아이가 아니다.
그들은 그 자체를 갈망하는 생명의 아들딸이다."
– 칼릴 지브란

엄마의 결핍된 욕구에서 아이를 분리하라

아이를 내 것으로 생각하면 나타나는 현상들이 몇 가지 있다. 대표적인 것이 나의 못 다한 욕구를 채우기 위해 나타나는 아이에 대한 소유욕이다.

몇 해 전, 친한 언니와 차를 마시면서 엄마 이야기를 한 적이 있다. 부모님이 맞벌이를 해서, 할머니 손에서 자라 엄마와의 추억이 별로 없다고 했다. 엄마에 대한 결핍은 좋은 엄마가 되겠다는 긍정적인 욕구를 일으켰다. 그녀는 누구보다 최선을 다해서 '엄마' 역할을 감당했다. 아이를 키우며 가끔 어린 시절의 자신을 만난다고 했다. 아이가 자신과 똑같은 약점을 보일 때면 당황하여 자신도 모르게 다그친단다.

"우리 아이가 사람들 앞에서 자신 있게 말했으면 좋겠어요."
"회장 선거에 좀 나가지, 싫다고 하네요. 무조건 될 텐데…. 애가 너무 욕심이 없어요."

상담을 하면서 엄마들의 이야기를 들으면 그들의 과거를 만나기도 한다. 역할 연기를 통해 엄마들의 마음을 들여다보았다.

"엄마는 사람들 앞에서 나서는 게 무서워. 그런데 넌 그렇게 해줬으면 좋겠어. 왜냐고? 내 새끼니까…. 너는 인정받았으면 좋겠어. 네가 인정받으면 나도 인정받는 기분이 들어."
이렇게 자녀를 자신과 동일시하고 있음을 알 수 있다. 자신의 단점을 아이들이 대신 극복해주기를 바라고 있었다. 엄마는 책을 보지 않으면서 아이들에게 책을 보라고 한다. 나는 안 하지만 자녀는 잘 되길 바라는 것이다. 아이를 내 것으로 생각하니 아이가 잘 하면 곧 내가 잘하는 것으로 착각하는 것이다.

엄마들은 역할 연기를 통해서 몰랐던 자신을 만난다. 그동안 결핍되어 있었던 욕구를 발견하고 눈물을 쏟아내는 사람도 있다. 더불어 자신의 삶 또한 엄마의 욕구를 대신 채우는 삶이었음을 깨닫는다. 자신의 삶을 돌보지 못한 엄마를 원망하고 있었지만, 그 길을 자신도 똑같이 가고 있음을 발견한 것이다.

이러한 자신의 욕구에서 아이를 분리하면 엄마들의 집착은 줄어들기 마련이다. 아이들이 유아기를 지나 유년기에 접어들면 엄마들은 체력이 남기 시작한다. 넘치는 에너지를 자신에게 쏟아야 한다. 하지만 엄마가 되고 난 후에 할 겨를이 없었던 일들이다. 에너지를 다른 데로 쏟을 기회를 찾지 못한 채 그대로 껴안고 계속 직진이다. 시간이 지날수록 아이들은 혼자 할 수 있는 것이 많아진다. 반대로 엄마는 혼자 할 수 있는 것이 점점 줄어든다. 그래프로 그리면 반비례이다. 아이들에게 경험시키고 싶은 것이 많으면 엄마의 혼자 경험은 줄어든다.

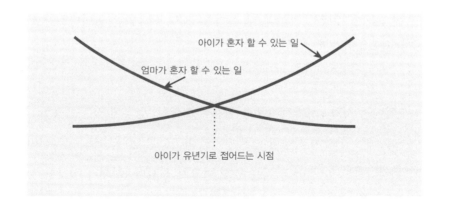

아이를 통해 엄마의 꿈을 이루지 말아라

유치원에서 근무할 때 일이었다. 7살 반은 1시에 수업이 끝나고 특기 수업을 했다. 각각 다른 주제를 요일별로 한 시간씩 진행했다. 수민이 라는 친구는 나와 수업을 할 때가 제일 좋다고 말했다. 표정도 밝고 재 잘재잘 예쁘게도 말했다. 그러다가 집에 갈 때쯤 되면 항상 머리가 아 프다고 했다.

할머니가 항상 등하원을 시키셨는데, 만날 때마다 하시는 말씀이 있 었다.

"우리 아들과 며느리가 서울대 교수예요. 제가 우리 아들 교수시킨 것처럼 수민이도 대학교수 시키려고요. 선생님, 우리 수민이 잘하지 요? 잘할 수밖에 없지~ 내가 어떻게 키우는데!"

자녀의 직업이 곧 할머니의 명함이었다. 굉장한 자긍심이었지만 나 는 한숨을 쉴 수밖에 없었다. 내 눈에는 그저 욕심 많은 할머니로만 보 였기 때문이다.

수민이는 저녁 7시까지 수업을 받는다고 했다. 영국에 있는 초등학교 에 입학해야 한다며 혹독한 스케줄을 소화하고 있었다. 어느 날부터인 가 머리카락도 한 줌씩 빠지는 원형 탈모가 생겼다. 사태가 심각한 것 같아 조심스럽게 말해보았지만 소용이 없었다. 이 시기만 지나가면 또 괜찮다는 것이다. 수민이가 실내 놀이터에서 조금이라도 놀려고 하면 할머니는 집에 가자고 손을 끌었다. 할머니는 손녀를 통해서 자신의 삶을 이뤄나가는 듯 보였다.

자신의 감정이나 동기를 다른 사람에게 돌려서 결핍된 욕구를 해결하는 것을 투사라고 한다. 대체적으로 독박육아를 하는 엄마일수록 투사의 방어기제가 종종 나타난다. 아이에 대한 집착으로 표현된다. 주변에서 쉽게 찾을 수 있다. 혼자서 아이를 돌보고 책임까지 고스란히 져야 하기 때문에, 아이를 나와 분리하는 것은 위험하다고 본능적으로 생각하는 것이다.

엄마가 육아 책임감을 높게 느낄수록 역할 위임을 하는 것이 좋다. 육아 부담감을 크게 느낄수록 타인에 대한 긍정적인 신뢰가 부족할 것이다. 그래서 다른 사람에게 역할을 넘긴다는 것이 쉽지는 않을 것이다. 차근차근 교육기관을 신뢰하는 연습부터 시작해보자. 불안한 마음 또한 선생님께 말하면 더욱 신경써주실 것이다.

아이는 많은 사람들의 사랑과 보살핌을 받을 권리가 있다
"엄마, 어린이집에서 나오니까 선생님이 자꾸 생각나. 보고 싶어."

둘째 딸 서연이가 하원을 하고 집에 들어서자마자 나에게 한 말이다. 내심 서운해서 핀잔 섞인 말을 내뱉었다.

"엄마는? 엄마는 안 보고 싶었어?"
"엄마도 당연히 보고 싶었지. 그런데 나는 선생님이 너무 좋아~"
선생님으로서 들을 수 있는 최고의 칭찬이다. 갑자기 어린이집 선생님이 부럽기까지 했다.

"그래, 서연이도 선생님에게는 소중한 제자지. 분명 사랑스러운 제자일 거야."

서운하기도 하고 부러움도 느껴졌지만 진심으로 아이에게 말할 수 있었다. 왜냐하면 나도 아이들을 가르칠 때 진심으로 사랑했기 때문이다. 아이들의 순수한 사랑 덕에 매일이 기쁘고 행복했다. 우리 아이들의 선생님도 진실한 사랑으로 아이들을 돌보시리라 확신한다. 그렇기 때문에 이런 고백을 받으실 수 있다는 생각이 들었다. 아이들은 진심으로 자신을 좋아하는 사람들을 알아보는 영적 순수함이 있다. 그래서 나는 우리 어린이집 선생님들을 무한 신뢰할 수밖에 없다.

나의 이런 신뢰가 선생님들에게 전해지면 더 큰 사랑으로 보답해주신

선생님으로 일할 때 아이들이 준 손 편지를 가끔 꺼내본다.

볼 때마다 벅찬 감정이 나를 행복하게 한다.

아이들이 내 것이 아니라고 생각한 덕분에 얻은 마음의 평화이다.

다. 믿음이 사랑을 낳는 것이다. 나 역시 선생님으로 일할 때 아이들이 준 손 편지를 가끔 꺼내 본다. 볼 때마다 벅찬 감정이 나를 행복하게 한다. 아이들이 내 것이 아니라고 생각한 덕분에 얻은 마음의 평화이다.

아이에 대한 집착을 내려놓자. 자녀를 많은 사람들에게 소중한 존재가 될 수 있도록 기회를 제공하자. 지금 당장 '아이는 내 것이 아니다.'라고 선언해라. 아이는 엄마를 통해 세상에 나온 고귀한 생명 그 자체이다. 하지만 엄마의 것은 아니다. 엄마가 이것을 스스로 인정하고 결단하면 꿈도 살아난다. 엄마가 꿈의 소리를 듣는 삶을 살면, 아이들의 꿈 역시 진심으로 응원해줄 수 있게 된다. 자녀는 내 것이 아니다. '내 아이'가 아닌 '우리의 아이'로 키우는 것이 현명하다.

♥ 엄마, 보세요!

▶ 아이는 자신만의 역할을 가지고 삶의 무대에 선 주연입니다. 그렇다고 엄마가 자녀를 주인공으로 만들어 주는 조연이라는 것은 아니예요. 엄마 또한 엄마의 삶에서 주인공이라는 사실을 잊지 마세요. 가족이라는 울타리 안에서 편안하게 자신만의 가치를 세우시기 바랍니다.

08 육아는 혼자 하는 것이 아니다

"어머니가 나서서 '품앗이 교실'을 운영하라."
– 퀴리 가문

가깝게 도움을 주고받을 수 있는 육아 공동체를 만들어라

"내가 힘든 부탁을 하나 해도 될까요? 오늘 어린이집이 5시 20분까지만 열고 행사가 있으신가봐. 그런데 난 오늘 늦게 출근해서 늦게 퇴근해야 되는데, 어떡하지? 혹시 누가 우리 형제 좀 봐주실 분 있을까요? 첫째는 유치원에 두더라도 둘째만이라도…."

'우만패밀리' 단체 대화방에 워킹맘이 급하게 글을 올렸다. 우만 패밀리는 5년 동안 아이들을 같은 어린이집과 유치원에 보낸 5명의 엄마들이다. 육아 고민도 나누고 가족끼리 여행도 다니면서 끈끈한 육아공동

체를 형성했다. 아이와 어른들을 합해 20명이나 됐다. 비슷한 육아관을 가지고 아이들을 키우니 자연스럽게 친해졌다. 엄마라는 역할이 주는 동질감은 남자들의 군대동기가 부럽지 않을 정도였다. 우리는 서로에게 가장 든든한 육아지원자이기도 했다. 내가 일이 먼저 끝나기 때문에 서둘러 대답했다.

"내가 데리러 갈게. 20분에 나가거든."
"아이 다섯이 가능해? 나야 너무 고맙지만···."
"괜찮아! 3명 이상은 다 거기서 거기야."

실제로 워킹맘을 가장 도울 수 있는 사람은 전업맘이다. 반대로 전업맘을 진심으로 도와줄 수 있는 사람은 워킹맘이다. 전업맘이 언제까지 전업맘일 수 없는 것처럼, 워킹맘도 다시 전업맘이 될 수 있다.

아이들이 성장하면 엄마와의 분리를 시작하게 된다. 그때 엄마가 아이를 놓아주지 못하면 많은 문제들이 발생한다. 아이가 성장할 때 엄마도 함께 성장해서 그동안 미뤄두었던 자신의 삶을 또 재정비해야 한다. 그럴 때 가장 도와줄 수 있는 사람이 현재 사회생활을 하는 엄마들이다. 사회생활에 감을 잃지 않고 있기 때문이다.

어떤 엄마들은 서로 다른 입장임을 부각시킨다. 함께 할 수 없는 것처럼 편을 가르고 기사를 쓴다. 육아는 혼자서 하거나 끼리끼리 알아서 하는 것이라고 생각할 수밖에 없다. 나 역시 처음에는 '민폐니까 내 아이는 내가 봐야지.' 하는 마음이 컸다. 하지만 가까운 곳에 도움 받을 수 있는 사람이 없을 때는 후회하게 됐다. 당장 몸이 아파 병원에 가야하는데 아이를 두고 갈 수는 없었다. 아이를 데리고 다녀오니 없던 병도 생기는 것 같았다. 면역력이 약한 아이들을 병원에 데리고 가는 것도 마음에 걸렸다.

기를 쓰고 혼자서 아이들 데리고 다니는 청승은 그만하는 게 좋다. 처음 한 번이 어려워서 그렇지 자주 시도해보자. 다른 엄마들을 믿으면 자연스럽게 육아 품앗이가 이루어진다.

'아이들은 나 없으면 안 돼!' 그럴 것 같았지만 역시 엄마만의 고민이다. 아이들은 친구 집을 더 좋아한다. 새로운 장난감에 마음을 뺏겨 엄마에게 잠시나마 자유를 허락해줄 것이다.

반대로 나 역시 상대방이 부담스럽지 않은 선에서 도움을 줄 수 있다. 엄마의 마음은 엄마가 잘 알고 있으니 말이다.

선생님조차 믿기 힘든 현실, 그러나 좋은 선생님은 있다

첫째가 다닌 첫 어린이집은 우리 가족에게 큰 상처를 남겼다. 주말에 낮잠을 재우려고 하는데 기겁을 하며 우는 것이다. '낮잠을 자고 싶지 않아서 그런가?' 하고 넘어갔다. 그런데 어느 날 인형과 역할 놀이를 하는 것을 보고 심장이 덜컥 내려앉았다.

"자야지. 안자면 '때찌!' 한다?"

나는 순간 다급하게 질문했다. 집안에 누구도 그런 말을 해본 적이 없기 때문이다.

"다연아, 안 자면 누가 때찌한다고 했어?"

"응! 엄마, 선생님이 구박, 다연이한테 신데렐라 새 엄마 구박했어!"

더 이상 말을 이을 수 없었다. 당장 어린이집을 찾아가고 싶었지만 냉정하게 상황을 살펴보았다. 당시에는 어린이집 교사 폭력이 수면 위로 올라오지 않은 상태였다. 조심스럽기도 하고 증거를 찾으려 했지만 찾을 수 없었다. 입덧이 심해 어쩔 수 없이 보낸 어린이집을 한 달 만에 그만뒀다.

첫째 아이는 그 기억이 트라우마가 되었는지 낮잠을 잘 때마다 힘들어 했다. 아이들을 가르치면서 정작 내 아이를 못 지켰다는 죄책감으로 얼마나 힘들었는지 모른다.

선생님으로서 엄마의 믿음을 받게 되면 아이들에게
절대로 좋지 않은 마음을 품을 수 없다.

다연이는 새로운 어린이집을 좋아하면서도 불안해했다. 원장선생님은 교육자로서 다연이의 상처를 가슴 깊이 아파하셨다. 적응하는 데 보름이 넘게 걸렸는데도 내가 교실에서 함께 할 수 있도록 배려해주셨다. 만삭인 나의 점심까지 챙겨주셨다. 다연이는 어린이집의 여러 아이들과 친해졌다. 모든 선생님들이 진심으로 다연이가 적응하도록 애써 주셨다. 나는 수원에 와서 외롭게 육아를 하지 않아도 되어서 감사할 수밖에 없었다.

선생님은 엄마와 한 팀이다

둘째가 어린이집에서 견학을 간 날이었다. 원래 하원 시간은 4시인데 원장님은 미리부터 공지를 하셨다.

"견학을 다녀 온 날은 아이들이 많이 피곤해해요. 가능하시면 일찍 데려가셔서 푹 쉬게 해주세요. 상황이 안 되시는 맞벌이 가정은 하원 시간에 맞추시면 됩니다. 저희가 원에서 편안하게 쉴 수 있도록 돌보겠습니다."

우만몬테소리 원장님은 매번 변함없이 아이들의 입장을 대변하셨다. 부모님들의 눈치를 보거나 보여주는 교육을 하지 않으신다. 하원할 때마다 칭찬할 점을 알려주시면서 격려를 당부하신다.

아이들이 교육기관에서 자라는 시간을 환산해보자. 연령에 따라 다르겠지만 보통 4시간 이상이다. 엄마가 선생님에 대해 어떤 마음을 품고 있는지 점검해볼 필요가 있다. 단순히 내 아이를 맡아주는 사람으로 생각하는지 아니면 가르쳐주시는 스승으로 생각하는지를 말이다.

나는 두 생각 모두를 겪어봤다. 선생님은 엄마의 믿음만큼 아이들을 돌보고 사랑해준다. 엄마의 마음은 아이들을 통해서 선생님께 고스란히 전해지기 때문이다. 선생님으로서 엄마의 믿음을 받게 되면 아이들에게 절대로 좋지 않은 마음을 품을 수 없다. 혹 힘든 일이 생기더라도 엄마들의 신뢰를 생각해서 마음을 굳게 먹고 아이들을 사랑으로 살필 수 있다. 아이들의 성장에 있어서 중요한 역할을 하는 선생님들을 어떻게 대하고 있는가?

나는 아이들에게 선생님은 또 다른 엄마라고 말한다. 밥도 먹여주고 잠도 재우고 사랑도 주신다. 재밌게 지내도록 돌봐주시고 새로운 것도 알려주신다. 어린이집에서 엄마만큼의 역할을 해내는 또 다른 엄마다. 우리 아이들은 하원하자마자 선생님이 보고 싶다고 울먹인 적도 있다. 그만큼 사랑을 충만히 받고 있다는 증거이다.

아이를 함께 키우고 있으니 엄마와 선생님은 서로의 감정을 누구보다 잘 알지 않을까? 내가 듣고 싶었던 위로와 응원을 아끼지 말아야 하는 이유이다. 선생님과 나는 내 아이의 올바른 성장을 돕는 한 팀인 것이다. 결국 내 아이에 대한 선생님의 사랑으로 보답 받을 것이다.

나는 혼자서 끙끙대던 과거로 돌아가지 않기 위해 다음날 일정을 남편과 공유한다. 나의 우선순위에 맞춰 육아와 가정 일을 분담하기 위해서이다. 나만의 아이들이 아니라 우리의 아이들이기 때문에 필요한 일이라고 생각하면 된다. 반복되는 일상 속에 나를 혼자두지 말고 꾸준히 더 멀리 갈 수 있는 법을 찾아야 한다. 그것이 육아를 지혜롭게 하는 진짜 비법이다.

♥ 엄마, 보세요!

▶ "빨리 가려면 혼자 가고, 멀리 가려면 함께 가라."라는 말이 있습니다. 육아도 다르지 않아요. 육아를 옳은 방향으로 오래 이끌고 나가려면 혼자 하는 것이 아니라 함께 해야 합니다.

선생님이나 친구들을 새로 만나는 자리에 안 가려고 하고, 가더라도 말을 안 해요

낯선 상황이나 사람을 마주했을 때는 누구나 긴장하고 불안해합니다. 하지만 그 정도가 심하다고 생각하다면 해결할 필요가 있지요. 낯선 모임에 가면 일찍 가서 공간 자체에 익숙해지도록 하거나, 부모가 함께 가서 있어주는 것도 하나의 방법입니다. 처음에는 같은 공간에서 함께 놀다가, 그 다음에는 가까운 곳에서 지켜보고, 눈이 닿는 곳에 있는 식으로 적응할 시간을 주세요. 또한 아이가 긴장하여 말을 안 해도 강요하거나 '얘는 원래 말이 없어요.'라는 식으로 상황을 넘겨서는 안 됩니다. 아이가 하고 싶은 말이나 행동을 대신 해주는 것도 금물입니다. 아이는 긴장이 풀리면 자연스럽게 말하고 스스로 행동할 거예요.

EMOTION CONTROL PARENTING

2장

육아에 가장 필요한 건 감정조절!

"많은 사람들이 지식을 가지고 잠시 성공한다.
몇몇 사람들이 행동을 가지고 조금 더 오래 성공한다.
소수의 사람들이 인격을 가지고 영원히 성공한다."
– 존 맥스웰

01 왜 감정조절이 중요한가?

감정조절은 육아에 필수이다

"오랜만에 책상에 앉았다. 책상이 지저분해서 대충 치우고 공부를 하려고 책을 폈다. 엄마가 퇴근을 하셨는지 목소리가 들렸다. '공부 좀 해! 방에서 게임 좀 그만하고!' 갑자기 공부가 하기 싫어졌다. 마음을 다 잡고 책을 읽는데 글씨는 눈으로 들어와서 귀로 나가버리는 것 같았다. 갑자기 공부할 마음이 싹 사라지고 집중이 되지 않았다."

청소년 상담을 진행할 때 고등학교 2학년 학생이 쓴 일기의 일부다. 처음에는 내가 쓴 일기인 줄 알았다. 누구나 한 번쯤은 겪어본 상황이지 않은가? 마음이 불편하면 아무 것도 안 된다. 나 역시 쉴 새 없는 잔소리 때문에 집에서 공부를 할 수가 없었다. 전교 1등 성적표를 보여드리려도 희망은 없었다. '여자는 기술 배워서 돈 버는 것이 최고야!'라고 말씀하셨다. 집안에서 나의 미래는 이미 정해진 것이나 다름없었다. 학원도 독서실도 다닐 돈이 없어서 내가 선택한 곳은 뒷산이었다.

쌍문동 언덕배기 북한산 어느 자락에서 나는 공부를 했다. 시험 기간에는 돗자리를 펴놓고 자연 속에서 공부했다. 도를 닦는 것도 아니고, 지금 생각해보면 겁 없는 행동이었다. 새 소리, 바람 소리를 들으니 마음이 평온해지고 집중도 잘 되었다. 무엇보다 누구의 간섭도 없이 공부할 수 있어서 좋았다.

나는 교육학을 전공하면서 나의 학습 방법이 얼마나 전략적이었는지 깨달았다. 부정적인 영향을 미치는 환경에서 나를 벗어나게 한 것이다. 학습과 감정은 깊은 연관이 있다.

나의 힘겨움을 극복하고자 목숨 걸고 책을 읽었을 때, 나를 발전시키기 위해서는 감정을 다스리는 것이 우선이라고 가르쳐 주었다. 뇌 과학 권위자로 『공부하는 독종이 살아남는다』를 쓰신 이시형 박사님도, 『완벽한 공부법』의 저자들도 역시 감정은 공부의 안내자라고 했다. 육아에서도 감정조절은 선택이 아니라 필수이다. 어린 시절은 뇌가 가장 많이 발달하는 시기이다. 이 시기에는 부모의 영향력도 크다. 부모의 역할이 중요할 수밖에 없다. 감정조절을 하지 못하는 부모는 아이들에게 혼란을 줄 수 있다.

육아를 할 때 감정조절이 가장 힘들다

"으앙~" 울음소리가 아주 먼 곳에서 들리기 시작한다. 번쩍 눈이 떠지고 내 아이의 울음소리임을 직감한 내 몸은 비몽사몽인데도 아이에게 향한다. 엄마를 깨우는 알람소리로 이만 한 것이 없다. 아이가 어리면 아침을 아이의 울음소리로 시작할 수밖에 없다. 유독 피곤한 날이면 아이의 울음소리는 짜증을 불러일으킬 뿐이었다. 가족 모두가 울음소리에 깨서 피곤한 아침을 맞이하는 일을 종종 겪어야 했다.

"엄마도 좀 자자!"

모성애보다 살아남기 위한 욕구가 먼저 발버둥을 쳤다. 하지만 소리를 질러도 달라지는 건 없었다. 아이는 오히려 더 크게 울뿐이었다.

나는 내 감정을 가장 지키기 어려운 순간이 육아를 할 때라는 것을 점차 깨닫기 시작했다. 언제 감정이 가장 격하게 반응하는지를 알아차리는 것이 우선이었다. 감정의 변화가 일어나는 순간을 잘 살펴보면 해답이 보인다.

나는 내 감정을 가장 지키기 어려운 순간이 육아를 할 때라는 것을
점차 깨닫기 시작했다.

자신의 감정을 제대로 알고 조절해라

내 경우에는 원래 잠을 편안하게 못 자는 체질인 데다 수유 기간이 길었기 때문에 잠이 원인인 경우가 많았다. 내가 수면부족에 감정조절을 힘들어한다는 것을 깨달은 날 밤, 침대에 걸터앉아 서럽게 울었다.

초등학교 고학년쯤, 친할머니가 함께 살기 시작했다. 정확히 말하면 동생과 아버지를 챙기기 위해서 오신 것이었다. 막 잠들었는데 할머니와 아빠의 대화소리가 들렸다.

"머리 까만 짐승은 거두는 게 아니라고 했다. 결혼할 때 괜히 반대했겠냐?"

"엄마는 쓸데없는 소리 하지 말고 잠이나 주무쇼."

할 일을 못하면 할머니께 혼났다. 마음이 상해서 말대꾸를 하면, 할머니는 아버지께 말하셨다. 아빠가 할머니가 전하는 말을 듣다가 화가 나면, 깊게 잠든 나를 발로 밟기도 했다. 어린 동생을 질투하면 장롱에 가두기도 했다. 문이 꽉 닫히면 호흡이 힘들었다. 어른이 돼서도 오랜 시간 폐소공포증에 시달려야 했다.

아빠가 감정이 상해서 술이라도 먹는 날이면 자다가 머리채를 잡혀서 질질 끌려 다녔다. 원래도 예민한 성격이었는데 잠을 깊게 잘 수가 없으니 키 크는 것은 물론 살이 찔 틈이 없었다. 맛있는 음식에 식탐이라도 부리면 "처먹는 것밖에 모르냐!"라고 대놓고 핀잔을 주기도 했다.

아빠가 외출했다가 돌아올 시간이 되면 신경이 날카로워졌다. 아빠가 잠들 때까지 잘 수도 없었고 작은 소리에도 금방 깼다. 깨어있어야 위험에서 나를 지킬 수 있기 때문이었다.

나를 지키기 위해 만들어진 수면 습관은 짧게 여러 번 자는 것이었다. 또 성공적인 삶을 살기 위해서는 남들보다 2배는 열심히 해야 한다고 생각했다. 잠은 죽지 않을 정도로만 자는 것이라고 여겼다. 그러나 새로운 환경에서 안정적으로 살아가니 몸이 먼저 알아차렸다. 위험에서 벗어났으니 이제는 쉬라는 신호를 보내기 시작한 것이다.

세 아이를 키우려면 잠을 깊게 자서 체력을 보충하고 뇌에게 휴식을 줘야 했다. 이성보다 감정이 앞서는 밤에는 육아에 몰두하느라 깨닫지 못했던 감정이 드러났다. 유독 비몽사몽간에 욱하는 감정이 발산된 것은 본능적인 것이었다. 무의식이 '화'라는 감정을 통해 나를 지켜냈던 것이다. 나는 셋째 모유수유를 끝내고 제일 먼저 잠을 충분히 자기 시작했다.

바쁜 교육일정을 소화해내거나 집안 일이 많은 날은 짜증이 나를 찾아 왔다. 하지만 이제는 내가 먼저 감정조절이 잘 안되는 이유를 알아차리고 조절한다. '아…. 내가 잠이 부족해서 피곤하구나.' 단 30분이라도 아이들에게 양해를 구하고 휴식을 취한다. 아이들도 자기들끼리 다른 방에서 놀면서 나를 배려해준다.

감정은 편견을 깨고 새로운 방법을 배우게 한다

감정을 느낀다는 것은 새로운 방법을 배우는 좋은 기회가 왔다는 뜻이다. 감정을 통해서 자신의 비합리적 신념을 찾을 수 있기 때문이다. 비합리적 신념이란 개인이나 집단이 가진 비논리적 신념이다. "~하는 것은 절대 안 된다.", "~하는 것은 끔찍한 일이다." 등과 같은 말로 드러나며, 경직되어서 융통성이 없는 사고방식을 의미한다. 이러한 비합리적 신념은 어떤 사건에서 특정 감정을 이끌어낸다. 심리학에서는 같은 사건에 대해서 사람마다 다른 감정을 느끼는 이유를 이 '비합리적 신념' 때문이라고 설명하기도 한다.

"음식을 집에서 먹지. 더럽게 밖에서 들고 다니면서 먹고 그래?"

남편이 길에서 어묵꼬치를 들고 먹는 큰딸에게 말했다. 나는 깜짝 놀라 되물었다.

"밖에서 먹는 게 더러운 거야? 우리 여행가거나 시장 가면 길에서 많이 먹잖아. 그런 게 더러워?"

"아니, 그런 건 아닌데 길에서 돌아다니면서 먹으면 더럽잖아."

"나는 심각하게 생각해본 적 없는데? 어렸을 때 학교 앞에서 떡볶이 같은 거 먹고 그랬잖아."

"아닌데…. 나는 지저분하다는 생각이 들어서 안 먹었어."

그 순간 나는 깨달았다. 우리 부부가 자란 환경이 다르기 때문에 일어날 수 있는 상황이었다. 남편은 집에서 손수 한 음식만 먹고 자랐다. 시댁에서는 길거리 음식을 즐기지 않기 때문이다. 그것이 남편에게 그대로 전해진 것이다.

부모의 비합리적 신념이 자녀에게 그대로 흡수될 수 있음을 알았다. 종교와 관련된 비합리적 신념이 자녀를 망치는 경우도 많다. 전통적인 방법인양 세습된 잘못된 육아관도 있다. 잘못된 건강 정보들도 가감 없이 전해지고 있다. 특히 부정적인 감정은 아이에게 전해서는 안 된다.

"이건 더러운 거야. 먹으면 안 돼. 이건 저기에 놓아야 해. 이렇게 하면 엄마한테 혼나."

아이의 감정을 들여다보면 나의 고정관념을 확인할 수 있다. 아이들은 엄마의 생각을 1%의 의심 없이 흡수한다. 유치원에서 선생님들은 아이들을 통해서 가정의 분위기를 파악할 수 있다. 교육 현장에 있을 때 엄마의 말투를 아이들을 통해서 간접 경험한다.

아이의 감정을 들여다보는 것은 부모가 자신을 보는 것과 다르지 않다. 거울을 보는 것과 같아서 깜짝 놀랄 것이다. 아이를 관찰하면 부모님과 아이들의 성향, 태도, 고정관념, 어투 등이 보인다. 반대로 엄마는 아이의 감정을 들여다보는 것으로 아이의 선생님과의 관계, 친구들과의 대화 방법을 살필 수 있다.

감정에 대한 답도 결국 아이들이 찾아야 한다

나는 어떠한 상황에서 일어나는 감정들을 편견 없이 바라보기 시작했다. 개방적인 시선을 가지니 의외로 쉽게 답이 보였다. 아이들에게 느끼는 감정도 변하기 시작했다.

우리 부부는 불쑥 튀어나오는 감정을 만날 때마다 진지하게 이야기를 한다. 비합리적 신념을 새롭게 발견하면 서로의 생각을 공유한다. 아이들이 자라는 환경과 배우는 환경이 다를 수밖에 없다. '좋다, 나쁘다' 판단하는 것부터 멈춰야 한다. 아이들의 삶을 부모가 살아줄 수 없다. 답도 결국 아이들이 찾아야 한다.

감정조절은 다양한 영역에서 영향을 미친다. 사람들은 "나는 감정적인 사람이 아니야!"라고 말한다. 하지만 사람들은 원래 감정적인 동물이다. 감정을 느끼지 못한다면 우리가 살아가는 것에 의미를 찾을 수가 없다. 사람을 만나 사랑의 감정을 느끼고 자녀를 낳아서 위대한 감정도 느꼈다. 감정조절은 삶의 올바른 방향을 안내해줄 수 있는 방향 지시등이다.

나는 예전의 삶에 비교할 수 없을 만큼 매우 행복한 삶을 살고 있다. 더 치열하게 살면서도 알지 못했던 감정들을 육아를 하면서 깨달았다. 육아를 하다 보면 자녀에게 나의 감정을 너무 쉽게 발산하는 실수를 저지른다. 자녀가 어릴수록 나의 모든 감정을 고스란히 받아들이기 때문이다. 감정에 대한 방어의 힘이 없는 아이들에게 더 이상 상처를 줘서는 안 된다. 그럴수록 엄마 역시 육아 자신감이 떨어진다. 뫼비우스의 띠처럼 감정의 무한 반복을 겪게 되는 이유이다.

육아에는 완벽한 공부법이나 절대적인 비법이 없다. 하지만 육아를 하면서도 행복에 이를 수 있는 방법은 있다. 그게 바로 감정조절이다. 육아는 평생 하는 것이 아니라 엄마와 자녀간의 관계에서 기초를 쌓는 기간이다. 자녀와 신뢰를 바탕으로 좋은 관계를 만들려면 감정조절의 중요성부터 깨달아야 한다. 육아는 감정조절의 중요성만 인지하고 있어도 반은 성공한 셈이다.

▶ 인생은 누구의 것입니까? 내 감정은 누가 조절해야 합니까? 감정
조절을 한다는 것은 '내 인생의 주인은 나'라는 선포입니다. 아이와 신
뢰 관계를 구축하기 위해서는 엄마부터 감정조절을 해야 한다는 사실
을 잊지 마세요.

감정조절 육아 이야기
나를 지키기 위해 잘 수 없었던 시간들, 그 이후

고3 여름, 화분으로 머리를 세게 맞고 피를 흘리며 집에서 뛰쳐나왔
다. 내 몸 하나 겨우 눕힐 수 있는 고시원에서 투잡, 쓰리잡까지 하며
돈을 모았다. 20살 꽃다운 나이에 대상포진에 걸릴 정도로 잠을 줄이며
치열하게 버텨야 했다. 동생을 집에서 데리고 나와야 한다는 목표만 있
을 뿐이었다. 남동생에게 부모는 나뿐이었다.

나를 엄마로, 세상의 전부로 생각했고 나 역시 그랬다. 집에서 나하
고만 이야기를 했던 당시 중2 남동생은 실어증에 걸렸다. 담뱃불 때문

에 집에 불이 났는데 동생은 그 속에서 죽으려고 가만히 누워있었다고 한다. 그 모습에 아빠는 충격을 받았고, 동생을 나에게 보내주었다. 동생과 나는 반지하 두 칸짜리 방에서 어느 때보다 행복하게 지낼 수 있었다.

성인이 돼서 아빠와 할머니를 용서하지 않을 수 없었다. 진정한 삶을 살기 위해 나를 해방시키는 것이 먼저라는 것을 깨달았다. 원망과도, 분노의 감정과도 작별을 고했다. 심리학 공부도 하고 사회에서 많은 경험을 해보니 견고하게 치유가 되는 것 같았다.

엄마는 서울로 올라오면서 이혼을 하셨다. 더 이상 아빠와 부부로 남아 있을 이유가 없었다. 같이 산 날보다 떨어져있었던 기간이 훨씬 길었기 때문이다.

아빠도 할머니도 연세가 드시면서 변했다. 아버지도 담배를 끊고 할 수 있는 일을 찾으셨다. 산악회도 다니시고 여유를 찾으니 한결 편해지신 것 같았다. 결혼식 때도 아빠 손을 잡고 입장을 했다. 가끔 아빠 집에도 놀러가기도 한다. 말로 다 표현 못하지만 이해하는 사이로 지내고 있다. 동생은 얼마 전부터 아빠랑 같이 살며 같이 있는 것이 어색하지만은 않은 가족으로 지내고 있다.

02 육아를 하면서 처음 만나는 감정을 다스려라

"세상은 자기가 어디로 가고 있는지 아는 사람에게 길을 만들어 준다."
– 랄프 왈도 에머슨

'엄마 되니까 좋아요?'라는 말에 대답하지 못한 이유

첫째 아이 돌잔치를 마지막으로 대학교 후배들을 본 적이 없었다. 그로부터 1년쯤 지난 어느 날 여자 후배들을 만날 일이 생겼다. 오랜만에 본 후배들은 엄마인 내 모습이 낯설게 느껴진 모양이었다.

"언니, 엄마 되니까 좋아요?"

순간 당황해서 질문에 답도 못하고 멍하게 있었다. '엄마 되니까 좋냐고? 나 엄마 되고 좋은가? 뭐가 좋지?' 속으로 질문을 곱씹어보았다.

나는 첫째를 처음 품에 안았을 때 느낀 감정을 잊을 수가 없다. 고통도 한 순간에 날려버린 무한 감격의 순간을 어떻게 잊겠는가? 엄마라서 아는 감정이다. 엄마가 되어 보고 나서야 처음 느껴본 감정들이 많았다. 엄마가 되어서 좋은 이유였다. 그러나 한편으로는 익숙지 않은 상황들을 만날 때면 혼란스러웠다. 처음 느껴보는 감정들을 어떻게 처리해야 할지 알 수 없었다.

내 아이에게만 친절하지 못한 나

아이의 넓은 이해심이 답답하게 느껴졌다. 첫째가 몇 달 동안 갖고 싶다고 노래를 부른 장난감이 있었다. 며칠 동안 청소도 도와줘서 기특한 마음에 장난감을 사주었다. 그런데 한 이틀정도 가지고 놀더니 친구들에게 나눠줬다고 자랑스럽게 이야기를 하는 것이 아닌가!

'저러다 자기 것도 못 지키고 갖다 퍼주기만 하면 어쩌지?'
'나중에 자기 밥그릇도 못 챙기는 거 아니야?'

괜한 걱정에 속이 터졌다. 장난감이 갖고 싶어서 그렇게 노력해놓고 금방 친구들에게 줘버리다니, 도대체 무슨 심리일까? 원인은 멀지 않은 곳에 있었다. 내가 그렇게 알려줬다. 첫째가 양보를 하지 않고 동생들과 싸울 때면 "나눠주면 엄마가 더 좋은 것으로 사줄게."라고 말했다.

"좋은 것은 나누면 배가 되는 거야. 그게 사랑의 방식이야." 남편과 나는 매번 그렇게 말했다.

항상 다른 사람들과 나눠먹게 하고, 이웃에 나눠줄 것이 있으면 아이들에게 직접 가서 전하게 했다. 시어머님도 김치를 담그거나 반찬을 하실 때면 항상 엄마들이랑 같이 먹으라고 넉넉히 싸주시곤 했다. 아이는 배운 대로 한 것이다. 칭찬해줘야 하는데 속이 상했다.

내가 엄마이기 때문이었다. 내 몫은 챙기고 나눴으면 하는 마음이 있었던 것이다. 내가 나누는 삶을 살면서 다른 사람에게 받은 것이 얼마나 많은지 알면서도 그런 마음이 들었다. '내 아이'가 '내 욕심'을 대신 채워줬으면 좋겠다는 계산적인 생각이었다. 선생님으로 아이를 가르치는 것과 엄마가 돼서 아이를 대하는 것은 느껴지는 감정부터 달랐다. '내 아이'라고 생각하니 내가 못했던 일들을 하라고 시키기도 했다. 또 나는 하면서 너는 안 된다고 한 적도 많았다. 그래서 자식 농사가 어려운 것이라는 걸까? 자녀에게 부모가 존경받기 힘든 이유가 다른 것이 아니라는 생각이 들었다.

유치원에서 아이들을 가르칠 때, 나는 유치원 선생님이 나의 천직이라고 생각했다. 그때 같이 근무하던 선생님들이 "어쩜 그렇게 마냥 행복하냐?"라고 물어볼 정도였으니 말이다. '아이 싸움이 어른 싸움 된다.'라는 말이 있다. 나는 실제로 그렇게 되는 경우를 많이 보았다. 선생님으로서 아이들의 문제를 깔끔하고 이성적으로 처리했었다.

그러나 선생님의 입장에서 엄마의 입장이 되니 감정에 변화가 생겼다. 아이들은 '내 것'이라는 소유욕이 생기고 객관성을 유지하기 힘들었다. 특히 아이가 실수를 하면 자동으로 타박하는 말이 쏟아져 나왔다. 그러고 나서 뒤돌아 마른 침을 삼키며 얼마나 후회했는지 모른다. 다른 아이들의 실수는 너그럽게 받아주면서, 다른 아이들에게는 세상 둘도 없는 친절한 선생님이면서…. 엄마인 나는 더 이상 친절하지 못했다.

아이들을 또 다른 나로 생각하는 부모

남편 회사에서 구조조정 소식이 들려왔다. 남편은 날카롭게 반응했다. 나는 좋은 결과가 날 것이라고 위로했지만 남편의 불안은 아이들에게 투사되기 시작했다. 별일도 아닌데 아이들을 큰 소리로 혼내는 일이 잦아졌다. 아이들 앞에서는 잠자코 있었지만 나는 몹시 화가 났다. 참다 참다 문자 메시지를 보냈다. 남편의 스트레스가 아이에게 미치는 영향을 알기 때문에 더 이상 참을 수가 없었다.

"한 번만 내 아이들에게 함부로 대하면 더 이상 참지 않을 거야! 아이들을 위해서도 나를 위해서도 결심할 수밖에 없어!"

'내 아이'라고 생각하니 내가 못했던 일들을 하라고 시키기도 했다.
또 나는 하면서 너는 안 된다고 한 적도 많았다.

최후의 통첩을 보내듯 비장하게 보낸 문장이었다.

"왜 당신 아이들이야? 내 아이들이기도 한데?"

"그래, 맞는 말이네! 그럼 당신 아이들이기도 하네? 그러니까 서로 힘을 합쳐서 잘 키워야 하지 않겠어? 나는 나쁜 결과가 뻔히 보여. 그래서 자기의 행동을 더 이상 보고 있을 수가 없어! 회사도 중요하지만 아이들은 더 중요해. 아직 어떤 결과도 나오지 않았는데 걱정한다고 상황이 달라져?"

몇 번 메시지를 주고받으면서 투닥거렸다. 남편도 힘든 마음을 털어놓고, 나도 내 생각을 잘 정리해 전달하면서 마무리 했다.

그날 밤, 자려고 누워있다가 남편이 '내 아이들'이라고 한 것이 머리에 맴돌았다. 남편도 내가 '내 아이들'이라고 말한 것에 화를 냈었는데, 지금 생각해보니 나 역시 그 말이 마음에 걸렸다.

'내 아이들'이기 때문에 남편이 아이들을 혼내는 게 더 싫었다. 내가 혼나는 기분이 들었고 나를 함부로 대한다고 느꼈다. 내 앞에서 아이들을 혼내는 것은 나를 무시하는 것과 다름없다는 생각이 들어 더 화가 났다. 엄마가 되기 전에는 느껴보지 못한 감정이었다. 아이가 '내 것'이라는 소유욕과는 달랐다. 나는 아이들을 또 다른 나로 생각하고 있었다. 누가 내 아이를 함부로 대할 때 느끼는 감정, 내 부모를 함부로 할 때 느끼는 동일시의 감정이었다. 나의 부모님처럼 나도 어느새 부모가 된 것이다.

모성애는 자녀에 대한 엄마의 본능적인 사랑이다. 모성애는 자녀를 목숨과 같이 소중한 존재로 느끼게 하는 감정이다. 엄마라면 모성애가 없을 수는 없다. 모성애도 육아를 하며 만날 수 있는 감정이다. 아이들을 '내 것'이라고 여기는 소유욕이나 나와 아이를 동일시하는 감정, 내 아이에게만 기준을 다르게 두게 되는 계산적인 속…. 모두 육아를 하면서 처음 느낄 수 있는 감정들이다.

아이를 키우면서 처음 느끼는 감정이 무엇이 있는지 살펴보라. 엄마가 되기 전의 나는 지금의 나와 얼마나 다른가? 육아도 처음, 엄마도 처음. 낯설지만 우리는 적응해야 한다. 그래야 우리에게 맡겨진 아이들을 안정적으로 키울 수 있다.

♥ 엄마, 보세요!

▶ 아이가 태어나고 육아를 하게 된 이상, 엄마부터 역할에 맞게 적응해야 합니다. 처음 겪는 감정이기 때문에 정신도 없고, 어쩌면 생각해볼 겨를이 없을 수 있습니다. 하지만 처음 느끼는 감정을 외면하지 않아야 엄마로서 아이들을 든든하게 키울 수 있습니다.

나는 '한국재난안전연구소'에서 선임연구원으로 강의를 맡아 하고 있다. 우리나라의 공공기관과 교육기관 등을 다니면서 재난안전 교육을 한다. 나는 엄마이면서 교육자로 느끼는 책임이 크다. 생명과 연관되는 위기의 순간에 감정조절은 중요할 수밖에 없다.

감정은 뇌의 시냅스의 생성과 해체에도 막대한 영향을 준다. 큰 충격을 받으면 자신을 보호하기 위해 기억을 지워버리거나, 외상 후 스트레스 장애로 그 장면이 기억에 생생하게 남는 경우도 있다. 감정과 뇌는 아주 긴밀한 관계에 놓여있는 것이다. 지진, 화재처럼 안전의 위협을 받는 상황에서 감정의 중요성을 알 수 있다. 재해가 있을 때 대처하는 모습을 보면 감정조절의 중요성을 깨닫는다.

파일럿들도 위기의 순간을 이기지 못하고 손잡이를 놓아버리는 순간이 있다고 한다. 자신의 생명을 포기해버리는 것이다. 두려움을 이기지 못하면 결국 생명까지도 잃게 된다. 반면에 위급한 상황에서도 침착하게 감정을 조절해서 많은 이의 생명을 구한 사람들을 볼 수 있다. 평소에 위급 상황을 대비하는 훈련을 받았거나 감성지수가 높은 사람이다.

아는 것도 두려운 감정이 몰아치면 잊게 된다. 그래서 인간을 감정 덩어리라고 말해도 지나친 것이 아니다. 어떠한 상황에서도 긍정적인 면을 보고 감정조절을 해야 한다. 자신만의 방법으로 훈련된 사람은 어떠한 상황에도 흔들리지 않는 고요함이 있다.

재난 상황에서 선택의 순간이 올 때는 즉각 반응하도록 교육과 훈련이 되어야 한다. 생명과 직결되는 상황에서 대충이나 지레짐작은 결코 통하지 않는다. 찰나의 순간에 올바른 방법을 빠르게 선택해서 움직여야 한다.

03 언제든 변치 않는 육아 원칙을 세워라

어디서든 원칙을 지켜야 한다

우리 집에서는 식사 중 TV 시청은 절대 금지였다. 아이 셋을 키우면서 지나친 결핍은 집착을 일으킨다는 이론을 눈으로 확인했다. 아이들이 친척이나 친구들을 만났을 때, 우리 가족만 있을 때의 상황과 자꾸 비교했다. 때로는 친구들을 만나면 친구보다 미디어에 더 집착했다.

어느 날은 눈치를 보며 시댁에서 TV 시청을 하고 있었다. 남편이 "약속은 어기라고 있는 거야."라며 장난을 쳤다. 할머니, 할아버지가 있으니 시댁에서는 약속을 어겨도 된다고 생각하는 모양이었다. 시댁에 가면 아이들이 서열 정리를 하면서 엄마, 아빠의 말을 무시하기에 이르렀다. 더 이상의 혼란을 두고 볼 수 없었다.

"할머니, 할아버지가 계셔도 약속한 것은 지켜야 돼. 나는 너희 엄마니까, 너희를 바르게 키워야 할 책임이 있어. 엄마가 여기에서 말하지 못할 거라고 착각하면 안 돼. 엄마는 너희들이 잘못하면 집에서랑 똑같이 혼낼 수 있어."

예의 없게 행동하거나 건강의 영향을 주는 것은 반드시 제한했다. 시댁에서도 최소한의 약속은 지키도록 상황을 정리했다. 감사하게도 시부모님께서 이러한 나의 육아 원칙을 인정해주셨다. 아이들에게 무언가 해주실 때도 우리의 의견을 먼저 물어보셨다. 아이들도 우리에게도 나름의 원칙이 생긴 것이다.

'다들 안 된다고 하니까 안 돼'는 NO!

육아 원칙에서 가장 흔히 등장하는 것이 디지털 기기에 대한 기준이다. 어떤 사람들은 아이들에게 휴대폰을 절대 주지 말아야 한다고 한다. 나는 어른들에게 묻고 싶다. 휴대폰 없이 하루를 보낼 수 있는가? 4차 산업 혁명을 이야기하는 시대에 한참 뒤떨어진 생각이다. 나는 휴대폰으로 글을 쓰고 이웃들과도 소통한다. 인터넷 뱅킹도 한다. 컴퓨터에

앉으려고 하면 막둥이가 책상에 올라와 키보드 위에 앉아버리기 때문에 아이들이 있을 때 컴퓨터로 무언가를 한다는 것은 거의 불가능에 가깝다. 그래서 휴대폰으로 틈틈이 일을 처리한다. 통화 시간이 잘 맞지 않으면 메신저로 남겨두기도 한다. 하루 종일 휴대폰이 내 비서이다.

TV에서 '중학생이 된 아들에게 휴대폰을 사주지 않는다'고 자랑스럽게 말하는 부모를 본 적이 있다. 나는 청소년들과 만나면서 아이들에게 휴대폰이 얼마나 중요한지를 깨달았다. 휴대폰이 없는 것은 세상과의 단절을 의미한다. 자신의 존재를 나타낼 수 없는 것이다. 아이들은 심하게 불안해한다. 바쁜 학원 일정 때문에 친구들과 직접 소통을 못할수록 휴대폰에 대한 집착도가 높았다. 그것은 본능에 가까운 외침이었다. 엄마들이 육아를 하면서 세상과 소통할 수 있는 창구로 휴대폰을 이용하는 것과 같은 맥락이다.

제대로 된 방법을 알려주고 행동의 결과도 정확히 제시해주면 아이들은 더 잘 받아들인다. 어른들이 먼저 모범을 보이면 아이들은 따라오게 되어있다. 마음에 손을 얹고 나에게 휴대폰이 주는 영향이 어느 정도인지 생각해보면 안다.

식당에서 젊은 부부가 아이에게 휴대폰을 틀어주고 밥을 먹고 있었

단순하지만 우리만의 약속이 생긴 것이다.
앞으로도 많은 원칙들을 세우겠지만 근본은 흔들리지 않을 것이다.

다. 3년 전만해도 나는 눈살을 찌푸리면서 '저렇게 하면 안 되는데.'라고 말했었다. 그러나 지금은 "방법만 제대로 알면 나쁘지 않아."하고 쿨하게 인정한다.

행복에 이르기 위한 육아 원칙

첫째를 키우면서 세워둔 나의 육아 원칙은 가슴 아픈 사건과 맞물려 사라졌다. 둘째를 낳기 두 달 전인 2014년 4월 '세월호 참사'가 나의 육아 신념을 송두리째 바꿔버렸다.

임신 중에 한창 예민해져 있던 나에게 세월호 참사는 더욱 크게 다가왔다. 감히 그 슬픔을 다 알고 있다고 말할 수는 없지만 나도 아이를 키우니 가슴 깊이 공감할 수는 있었다. 남편이 퇴근해서 돌아오자마자 붙잡고 엉엉 울었다. 특히 마지막인줄 모르고 인사조차 제대로 하지 못했다는 사연을 듣고는 슬픔을 가눌 수가 없었다. 매우 힘든 몇 주를 보냈다. 엄마들끼리 만나는 자리에서는 '세월호' 이야기를 꺼낼 수 없었다. 엄마들은 금방 눈물을 보이곤 했다. 많은 사람들이 집단 우울증을 겪고 있었다.

나는 둘째를 맞이할 준비를 하면서 그동안 세운 모든 육아 원칙을 벗어 던지기로 했다.

'행복한 아이로 키우는 것.'

'매일 눈 마주치고 사랑한다고 고백하기.'

'생명의 소중함에 집중하는 것.'

이외에 필요한 원칙은 없었다. 우리가 세운 원칙은 많은 부분을 변화시켰다. 남편 역시 납득할 만한 원칙만 세우기로 한 것이다. 중요한 가치를 드러내는 원칙들은 가정의 화목을 이끌 수 있다.

'이야기할 때 눈을 바라보고 이야기하기.'

'화가 난 채로 잠들거나 재우지 않기.'

'나쁜 말로 서로의 마음 아프게 하지 않기.'

'실수 했다면 꼭 사과하기.'

단순하지만 우리만의 약속이 생긴 것이다. 앞으로도 많은 원칙들을 세우겠지만 근본은 흔들리지 않을 것이다.

행복에 이르기 위한 육아 원칙을 세워라! 흔들리지 않는 엄마만의 신념을 세우란 것이다. 우리 아이가 성장을 해도 지킬 수 있는 원칙을 정해야 한다. 시시때때로 변하는 원칙은 이미 원칙이 아니다. 세월이 가도 변하지 않아야 한다.

▶ 다음 세대에게 전해도 될 법한 가치 있는 원칙을 세우세요. 육아의 뜻이 '아이를 중히 여기는 마음'에서 비롯된 것임을 잊지 않으며 행복에 이르는 육아 원칙을 세우시기를 바랍니다.

감정조절 육아 이야기
아이 앞에서 스마트폰 사용하기

휴대폰을 들고 있을 때 아이는 내가 무엇을 하고 있는지 모른다. 그냥 나와 놀지 않고 휴대폰을 하는 엄마가 보이는 것뿐이다. 그래서 아이들과 있는 시간에 휴대폰으로 할 일이 있으면 양해를 구한다.

"엄마 급한 일만 처리할게. 이것만 빨리 하고 놀자."

아이들은 엄마의 일을 이해해주고 휴대폰의 용도도 이해한다. 가급적 아이들과 있을 때는 휴대폰을 사용하지 않는다. 아이들에게 집중하고 싶기 때문이다. 미리 중요한 일은 처리해두면 된다. 진짜 급한 일은 전화하도록 이야기를 해두었다.

04 아이의 감정을 엄마가 판단하지 마라

"아이는 부모에게 사랑받고 존중받고 있다는 느낌을 가질 때 마음을 연다."
– 스펜서 존스

엄마 기준으로 아이의 마음 상태를 속단하지 마라

유치원 수업을 마친 첫째와 집에 돌아오는 길이었다.

"오늘 신나는 일 없었어?"

"신나는 일은 아니고, 민지가 나랑 같이 놀기 싫다고 했어."

"진짜? 우리 다연이 속상했겠다."

"아닌데. 나도 다른 친구 2명이랑 놀고 싶었는데 민지가 말해줘서 좋았어. 그래서 윤지랑 유주랑 인형놀이 하면서 재밌게 놀았지."

나는 실수를 했다. 아이의 감정을 성급하게 판단해버린 것이다. 첫째, 대화의 시작부터 내 감정대로 끌고 갔다. 그날 첫째에게는 축하 받을 일이 있었다. 그래서 아이의 현재 감정을 뒤로 한 채 나는 신나는 감정을 강요한 셈이었다. 둘째, 아이의 감정을 내 기준으로 지레짐작했다. 다연이가 민지에게 들었던 말은 내 입장에서는 속상할 수 있는 말이었다. 전후 사정을 모르기 때문이다. 차라리 "그 말을 들었을 때 다연이는 어땠어?"라고 질문을 하면 좋았을 것이다. 성급한 결정으로 아이의 감정을 배려하지 못했다.

아이와 나의 입장이 다르기 때문에 다른 감정을 가질 수 있음을 깨달았다. 나는 때때로 나의 감정을 기준으로 아이의 감정을 판단한다. 내 마음대로 아이의 감정을 결정하고 나와 같지 않음을 이상하게 생각했다. 내 아이와의 친근감을 확인받고 싶은 엄마의 본능이다.

『감성지능Emotional Intelligence』의 저자인 다니엘 골먼은 "인간은 자신의 감정적인 상태를 다른 사람과 나누고자하는 본성을 지니고 있다."며 감정의 전염에 대해 정의했다. 감정 전염이란 다른 사람의 표정, 말투, 목소리 등을 자신도 모르게 따라하게 되면서 감정적으로 동화되는 현상을 말한다. 특히 친밀한 사이일수록 감정 전염은 빈번하게 발생한다. 대표적인 것이 아이와 엄마 사이의 감정 전염이다. 아이가 어릴수록 엄마와의 감정 전염이 쉽다. 아이가 감정의 분리를 두려워하는 것이다. 하지만 아이는 점차 성장하면서 엄마와 한 몸이 아님을 깨닫고 감정 분리가 일어난다. 엄마와 내가 느끼는 감정이 다름을 인식하는 것이다. 이때 엄마 역시 새로운 감정을 느끼고 같이 성장하게 된다.

감정의 주인인 아이가 표현할 수 있도록 해라

어떤 초등학교 3학년 아이가 내리막길에서 뛰다가 넘어지는 것을 보았다. 여름 반바지를 입고 있었기 때문에 무릎부터 정강이까지 상처가 깊은 것 같았다. 아이는 내가 보고 있음을 알고 급하게 일어났다. 몹시 아픈데도 꾹 참고 있는 듯 보였다.

"괜찮아? 상처가 났네. 이모가 도와줄게."
질문을 하자마자 아이는 서럽게 울면서 아프다고 소리쳤다.

"전화기 있니? 아니면 이모가 전화해줄게. 가족 중에 누구 전화번호 불러줄래?"
나는 아이를 안심시키고 아이의 엄마에게 전화를 걸었다. 전화기 너머로 엄마 목소리가 새어나왔다. 안심이 된 것일까? 아이는 더 크게 울었다. 엄마는 놀란 얼굴로 뛰어왔다. 5살쯤 되어 보이는 동생이 종종걸음으로 같이 왔다.

"어쩌다가 그랬어? 왜 내리막길에서 뛰고 그래? 엄마가 조심하라고 했지? 어디 봐봐! 피 별로 안 나네. 괜찮아! 뚝! 그만 울어. 동생 놀라니까."

그분은 속사포같이 말씀하시며 아이를 달랬다. 정신없는 중에 나에게 고마움도 전해주셨다. 내가 오히려 고마웠다. 서럽게 울던 아이의 눈물이 어느새 말라있었다. 다리가 아픈 것보다 마음이 상했으리라. 엄마가 어떤 감정이었는지 모르진 않았다. 엄마라서 느끼는 감정이기에 공감을 할 수 있다. 아이가 다쳐서 속상한 마음이 가장 컸을 것이다. 다만 아이는 순식간에 많은 감정을 정리해야 했다. 동생을 놀라게 하지 않기 위해 노력하는 모습이 기특했다. 아이의 아픔을 위로하지 못해 마음이 무거웠다.

엄마가 다친 것도 아닌데 감정의 주도권은 엄마였다. 상황의 주인인 아이가 감정을 충분히 표현하고 다스릴 수 있도록 기다려주는 것이 먼저이다. 엄마이기 때문에 아이를 위로해줘야 한다. 그 누구도 줄 수 없는, 엄마만이 줄 수 있는 위로는 아이에게 매우 중요하다.

다양한 감정을 배울 기회를 빼앗지 마라

'성급한 일반화의 오류'라는 말이 있다. '성급한 일반화'는 '하나를 보면 열을 안다'는 속담으로 생각하면 쉽다. 나는 세상에서 이 말처럼 위험한 말도 없다고 생각했다. 그런데 나 역시 아이의 감정을 차단하고 마음대로 결정하고 있었다. 권위가 아니라 권력으로 감정을 억누른 것이다. 나의 모습에도 감정조절에 서툰 엄마의 모습이 있다. 그래서 절대 포기할 수 없었다. 육아를 하다 보니 하나의 감정으로 다룰 수 없는 상황이 있다. 특히 울고 있는 아이들에게 어른들은 말한다.

"그만, 울어! 뚝!"

감정을 바로 억압해버린다. 이러한 상황에 대해서 곰곰이 생각해보자. 왜 그만 울라고 말하는 것일까? 그럼 도대체 아이가 마음 편히 울어야 할 때는 언제일까?

예쁘게 옷도 입고 풀 메이크업으로 한층 멋을 냈다. 오랜만에 구두를 신으니 '리즈 시절전성기, 잘 나가던 시절'로 돌아간 듯 기분이 좋고 발걸음도 가볍다. 코너를 돌아보니 약속 장소가 눈에 들어온다. 그런데 갑자기 맨홀 구멍에 구두굽이 끼면서 넘어지고 말았다. 넘어져서 무릎이 닿자마자 일어섰다. 정확히 1초 만이었을 것이다. 사람들의 시선을 뒤로한 채 후다닥! 약속 장소까지 뛰어들어왔다. 무릎에는 피가 철철 흐르고 있었다. 그제야 통증이 몰려왔다.

내가 넘어졌을 때 느꼈던 처음 감정은 '창피함'이다. 만약 아무도 없는 길에 넘어졌다면? 충분히 앉아서 아픔을 느끼고 천천히 일어났을 것이다. 어쩌면 눈에 눈물이 고였을지도 모른다. 어른이 넘어졌다고 우는 것은 창피한 것이라고 생각할지도 모른다.

그러나 아이의 감정은 다르다. 너무 아픈데 잘 참고 있는 아이가 있다? 그게 더 안쓰럽다. 상처에 피가 나니 무섭기도 하고 눈물이 났을 것이다. 내리막길에서 뛰지 말라고 배웠다. 그런데 뛰었으니 후회의 감정이 들었을 수도 있다. 친절한 이모가 위로해줘서 안심이 되기도 했다. 이렇듯 다양한 감정이 일어나는 상황을 겪을 수 있다. 하나의 상황 속에서도 아이들은 여러 감정을 배우게 된다. 그래서 경험이 중요한 것이다.

개방형 질문으로 아이의 감정을 확장시켜라

아이와 유치원에서 지낸 이야기를 나눌 때 마다 새로운 감정을 배울 수 있었다. 유치원 이야기도 좋지만 TV프로그램을 볼 때도 마찬가지였다. 아이는 세상을 나름대로의 기준을 갖고 표현했다. 드라마에서 한 여성이 술에 취해 비틀거리는 모습을 같이 보고 있었다.

"엄마, 저 이모는 왜 얼굴이 빨갛고 이상하게 걷지?"
"왜? 다연이가 볼 때 왜 그런 것 같은데?"

아이의 감정은 다르다. 너무 아픈데 잘 참고 있는 아이가 있다?

그게 더 안쓰럽다.

"이모가 추운데 쉬야까지 마려운가봐. 빨리 화장실 가야되는데….."

"으응?"

남편과 나는 웃음이 빵 터졌다. 첫째는 지금껏 술이 취한 누군가를 본 적이 없었다. 남편은 알기 쉽게 '술'에 대해 설명했다. 과한 음주가 어떤 영향을 미치는지도 빼놓지 않았다. 부모와 같이 안전한 테두리 안에서 새로운 문화를 간접적으로 습득할 수 있다. 다양한 상황과 감정을 공유할 때 기억할 것이 있다. 먼저 아이의 생각을 물어보는 것이다. 아이의 상상력을 자극하는 개방형 질문이 감정을 확장시키는 데 도움이 된다.

폐쇄형 질문으로 아이의 감정을 차단하지 말자.

아이들과 함께 하는 시간이 부족해서 고민이라면 아이들의 감정을 들여다보고 질문을 해보자.

"왜 그렇게 생각했어? 그런 감정이 느껴진 이유라도 있어?"

아이들은 술술 자신의 이야기를 한다. 그리고 자신의 감정까지도 이야기 한다. 그러면 엄마는 함께하지 못한 시간을 보상 받고 아이와 한층 가까워질 수 있다.

"기분이 어때? 좋지? 나빠?"

　기분이 '좋다' '나쁘다'를 두 단어로 표현하라고 지시하지 말아야 한다. 아이의 감성지수를 높이고 싶다면 개방형 질문을 자주해라. 감성지수란 무엇인가? 나와 다른 사람의 감정을 이해하는 능력이다. 삶을 풍성한 방향으로 주도하고 감정을 통제할 수 있는 능력이다. 감성지수가 높은 아이일수록 자신의 인생도 긍정적으로 이끌어간다. 대인관계 면에서도 뛰어나고, 창조적인 인재로 성장하는 것이다. 엄마가 느끼는 감정은 이전의 경험과 관념을 토대로 표현되기 마련이다. 아이가 느끼는 감정 역시 소중한 경험에서 비롯된 하나의 감정 지식이라고 생각하면 쉽다. 새로운 감정을 나눌 수 있는 큰 기쁨이 찾아올 것이다.

♥ 엄마, 보세요!

　▶ 엄마와 아이의 감정이 다른 것은 틀린 것이 아닙니다. 오히려 당연한 것이지요. 엄마와 아이의 감정이 다름을 인정하기 시작합시다. 그로부터 아이와 엄마의 감정이 성장합니다.

05 아이에게 감정이 아니라 표현을 가르쳐라

"최고의 가르침은 아이에게 웃는 법을 가르치는 것이다."
− 프리드리히 니체

감정은 판단하는 것이 아니라 인정하는 것이다

세 아이와 함께 외출했다가 집에 돌아가는 길이었다. 아파트 엘리베이터가 12층에 도착했다. 첫째 딸이 동생들이 내릴 때까지 문을 잡고 기다려주고 있었다. 그런데 갑자기 둘째가 총알같이 뛰어갔다.

"내가 1등 해야지!"

그 말에 첫째는 승부욕이 발동했는지 같이 뛰어갔다. 그리고는 속력을 내서 둘째 아이를 제쳐버렸다.

"안 돼! 멈춰! 내가 1등 할거야."

둘째는 바닥에 주저앉아 서럽게 울었다. 나는 못내 둘째를 이겨버린 첫째에게 섭섭했다. 이기고 싶은 마음도 이해가 됐다. 하지만 나도 모르게 말을 뱉었다.

"다연아, 좀 져주지 그랬어. 네가 이길 수 있다는 거 다 알잖아."

"엄마, 나도 이기고 싶어. 내가 동생 이기면 안 돼?"

"그래도 동생은 어리니까 배려해주지…."

나는 한 순간에 첫째를 배려하지 못하는 아이로 만들어버렸다. 평소에 양보도 잘하고 배려심이 깊은 아이라는 것을 알고 있었는데도 말이다. 실수한 것이다. 시선을 돌려 둘째를 일으켜 세우면서 물었다.

"서연아, 왜 울고 있어?"

"엄마는 언니한테 져달라고 하지 마! 내가 이기고 싶어. 언니가 1등을 하니까 화가 난단 말이야!"

1등을 하고 싶은 마음을 나쁘다고 말할 수는 없었다. 결국에는 두 아이 모두 상황에 맞는 감정을 느낀 자연스러운 상황일 뿐이었다. 이기고 싶은 승부욕은 목표에 도달할 수 있는 원동력이 된다. 엄마도 그것을 알고 있다. 그러나 내 아이들끼리는 아니길 바란다. 동생에게는 선선히

양보하고, 정정당당한 승부는 다른 아이들과 하기를 원한다. 엄마이기 때문이다.

엄마가 생각하는 경쟁과 아이들이 생각하는 경쟁은 다른 것임을 빨리 깨달아야 한다. 자연스럽게 일어나는 경쟁은 과연 나쁜 것일까? 우리는 질투의 감정과 이기고 싶은 감정이 나쁘다고 생각한다. 이러한 감정이 엄마에게 용납되지 않는 이유가 무엇일까?

엄마가 감정을 좋거나 나쁜 감정으로 이분화시키고 있기 때문이다. 나 역시 시시때때로 내 기준에 맞춰 판단을 한다. 그러나 감정은 판단하는 것이 아니라 인정하는 것이다.

감정은 여러 가지 속성이 있기 때문에 이분화시킬 수 없다. 다양한 감정이 섞여 혼란을 주니 그럴 수도 있다. 하지만 섣부르게 감정의 좋고 나쁨을 판단할 때는 문제가 생기기 마련이다.

감정을 표현하는 방법을 알려 줘라

막내가 9개월이 막 지날 무렵이었다. 제법 잘 기어 다니고 누나들한테 방긋방긋 눈웃음도 지어 보였다. 어느 날, 내가 설거지를 하는 동안 첫째와 막내가 이불에서 뒹굴거리며 신나게 놀고 있었다. 그런데 갑자기 막내가 자지러지게 우는 소리가 들려왔다. 깜짝 놀라서 가보니 팔에 이빨자국이 선명하게 보였다.

나 역시 시시때때로 내 기준에 맞춰 판단을 한다.
그러나 감정은 판단하는 것이 아니라 인정하는 것이다.

"다연아, 이게 뭐야? 재범이 팔 물었어?"

둘이 노는 걸 지켜보던 둘째가 불쑥 "언니가 물었어."라고 대답했다. 다연이를 살펴보니 자기도 놀랐는지 얼굴이 붉으락푸르락거렸다. 차분히 물었다.

"다연아 무슨 일이야? 왜 그랬어?"

"엄마…. 제가, 재범이가 웃는 게 너무 귀여워서 나도 모르게 물었어요…."

나는 그 말이 십분 이해가 되었다. 셋째는 한창 앙증맞은 나이였기 때문에 속으로 '그럴 수도 있지.' 싶었다. 자매들은 평소에도 막내를 귀여워하면서 '귀여워서 깨물어주고 싶다'고 표현했다. 그런데 그러다가 진짜로 깨물어버린 것이다. 나는 시무룩해진 다연이에게 다음에는 그러지 말라고 말하고 대수롭지 않게 넘겨 버렸다.

몇 달이 지난 뒤에 이불 위에서 노는 아이들을 보면서 빨래를 정리하고 있었다. 첫째가 재밌게 해줬는지 막내가 '까르르' 자지러지게 웃고 있었다. 그 모습을 지켜보니 세상에 둘도 없이 행복했다. 그런데 갑자기 재범이가 웃으면서 큰딸의 등을 확 깨무는 것이 아닌가? 기분이 좋은 나머지 누나를 물어버린 것이다. 이빨 자국이 금세 올라왔고 시퍼렇게 멍도 들었다.

"아파, 너무 아파!"

첫째는 발을 동동 구르며 숨이 넘어가게 울었다. 첫째의 상처에 약을 바르면서 한숨을 내쉬었다. '내가 무는 행동을 너무 쉽게 생각했구나….'

첫째는 기분이 좋아서 재범이를 물었었다. 그게 좋은 표현이라고 판단했었던 것이다. 문득 시아버님께서 아이들과 장난치시다가 살짝 깨물기도 하셨던 장면이 떠올랐다. 나는 그 역시 대수롭지 않게 여겼다. 그러니 막내가 기분이 좋으면 깨물어도 된다고 생각한 모양이다. 나 역시 너무 쉽게 좋은 감정으로 일어난 행동이니 괜찮다고 생각했다. 알면서도 외면할 때가 있었음을 깊이 반성했다. 좋은 감정으로 표현된 행동이 나쁜 결과를 내고 말았다. 감정을 판단하는 것보다 중요한 것은 감정을 표현하는 방법이다.

어느덧 셋째는 폭풍 성장을 해서 15개월 지나고 있었다. 또래 친구들을 만나면 얼굴에 웃음이 가득했다. 반가운 마음에 뒤뚱거리면서 친구들에게 다가갔다. 얼굴에 침이 묻어있는데도 아랑곳하지 않고 입술을 갖다 댄다. 친구가 마음에 들었는지 뽀뽀를 하려는 것이다. 대부분의 부모는 이해하지만 상황에 따라 다르다. 아이 둘 중에 한 명이 감기라도 걸려서 코를 훌쩍거리는 경우라면 상황이 달라지는 것이다.

"재범아, 반가울 때는 손을 흔들고 인사를 하는 거야. 안녕~ 반가워."

내가 먼저 나서서 아이에게 알려줬다. 아이들은 한없이 예쁘다. 감정 표현에도 꾸밈이 없다. 그렇기 때문에 엄마가 상대방 엄마의 마음도 헤아려서 허용되는 표현법을 알려주면 좋다.

반가운 감정을 표현한다고 무턱대고 처음 보는 사람을 껴안으면 어떻게 될까? 나는 애교로 보기는 하지만 간혹 불편해하는 부모도 있다. 감정을 표현하는 사람과 받아들이는 사람의 기준은 다르기 마련이다. 사람에 따라, 상황에 맞게 표현하는 것을 가르쳐야 하는 이유이다.

좋은 감정과 나쁜 감정으로 이분하지 마라

때로는 좋은 감정은 마음대로 표현하고 나쁜 감정은 억누르라고 한다. 감정에는 희로애락만 있는 것이 아니다. 슬플 애哀도 있지만 사랑의 감정인 사랑 애愛도 있다. 이 글자는 감미로운, 감사하는, 그리운 등의 감정을 표현한다.

옛말에 '기쁨은 나누면 배가 되고 슬픔을 나누면 반으로 줄어든다.'라는 말이 있듯이 감정은 상대방을 배려하며 나누는 것이 중요하다. 축하를 받고 슬픔에 대한 위로를 받는 것이 대인관계의 기본이다. 결혼식장에 와서 축하해주는 하객에게 감사하다. 그런데 장례식장 와서 같이 울어주는 사람이 더 기억에 남는다. 슬픈 감정은 결코 나쁜 것이 아니다. 슬픈 감정이 있는 이유가 다 있다.

좋은 감정과 나쁜 감정을 판단하지 말자. 감정은 판단하는 순간 고유의 역할을 상실하게 된다. 감정은 나와 아이의 마음의 상태를 볼 수 있는 소중한 거울이다. 감정을 충분히 느끼고 인정해주면 좋은 결과로 이끌 수 있는 여유가 생긴다. 판단하기에 앞서 감정을 받아들이기 위한 마음의 자세를 갖출 수 있는 것이다. 좋은 경험을 하기 위한 하나의 과정이라고 생각하면 된다. 이렇게 하면 좋은 감정도 나쁜 감정도 판단하지 않을 수 있다.

♥ 엄마, 보세요!

▶ 엄마는 아이가 감정을 느끼는 상황을 피하지 말아야 합니다. 모든 감정이 우리 아이를 성장시킵니다. 아이의 감정을 판단하지 말고 인정해줍시다. 그리고 다양한 감정을 성장의 '마스터키'로 지혜롭게 사용합시다.

경쟁심은 때로는 질투나 시기 같은 감정을 동반합니다. 이러한 감정들은 긴장이나 압박감을 줘서 아이를 힘들게 할 수 있지요. 아이가 여러 가지 감정들로 힘들어하니, 부모는 아이가 경쟁에 뛰어들지 않았으면 좋겠다는 마음이 들 수도 있습니다.

어떤 아이들은 경쟁심이 지나쳐서 이기는 경험의 크기와 그 횟수로 자신을 판단하게 되기도 합니다. 이러한 태도는 아이의 정서와 발달에 좋지 않습니다. 이 경우, 실패나 승리의 수치로 아이의 소중함을 판단할 수 없다는 것, 그것이 인생에서 절대적으로 작용하지 않는다는 것을 부모가 확실하게 반복적으로 알려줘야 합니다.

경쟁으로 아이들이 배울 수 있는 것도 많습니다. 경쟁을 아예 하지 못하게 할 수는 없지요. 부모가 곁에서 정정당당하고 건강한 승부의 세계를 알려주어야 합니다. 규칙을 지키며 속이지 않고 경쟁에 임할 것, 승자가 되었다고 패자를 깔보지 않을 것, 패자가 되었다고 해서 인생이 실패한 것이 아니라는 것을 가르쳐주세요.

06 아이의 감정을 억압하지 마라

"자신을 사랑하는 법을 아는 것이 가장 위대한 사랑이다."
– 마이클 매서

아이들이 감정을 마음껏 표현하게 해라

나는 자주 울었다. 별명이 울보였을 정도다. 지금도 울지 않으려고 애쓸 때가 참 많다. 어느 날, 어릴 때부터 자주 들었던 말을 오랜만에 듣게 되었다.

"울지 마! 뚝! 어흥이가 잡아간다!"

막둥이가 기저귀를 차기 싫다고 도망가다 넘어졌다. 아이가 울기 시작하자, 남편이 막둥이를 달랜다며 말을 꺼낸 것이다. 남편의 말은 귀에 딱지가 앉도록 들어본 말이었다.

"그 호랑이는 정말 바쁘겠네. 우는 애들이 한 둘이어야지!"

나는 불편함을 드러내며 남편에게 말했다. 남편은 당황한 표정을 짓더니 바로 막둥이를 안고 달래주었다. 대한민국의 호랑이는 우는 아이들을 잡아가는 무서운 존재이다.

부모는 본능적으로 아이들의 울음에 민감할 수밖에 없다. 아이가 말을 할 수 있게 되기 전에는 도움을 요청하는 유일한 수단이 울음이었기 때문이다. 부모로서 울음을 그치게 하려는 마음이 앞서는 것은 자연스러운 반응이다. 하지만 감정을 억압하는 것이 올바른 해결책은 아니다.

먼저 아이가 우는 이유를 부모가 찾아줘야 한다. 이렇게 생각하면 오히려 아이들이 크게 울어서 감정을 드러내야 아이들을 쉽게 도울 수 있다. 만약에 아픈데도 아이가 울음을 꾹 참는다고 생각해보자. 죽을 만큼 힘들 텐데 아이가 울지 않는다면 어떨까? 부모의 억장은 무너질 것이다. 아이들의 감정을 억압하면 아이들의 속은 썩어 들어간다. 우는 아이 앞에서 호랑이를 소환하거나 울지 말라고 다그치는 것은 잘못된 방법이다. 울면 안 되고 화내면 안 되는 이유가 도대체 무엇인가?

마음이 슬퍼서 눈물이 나면 울도록 두어야 슬픈 감정이 해소가 된다. 눈물이 존재하는 이유를 생각해보자. 단지 눈에 먼지를 빼기 위한 것은 아니다. 또 화는 꼭 나쁜 감정일까? 아이가 다른 이에게 맞고 있는데 화가 나지 않으면 그게 더 이상하다. 당연히 화를 낼 것이다. 나는 아이들이 내 앞에서 감정을 표현해줘서 감사하다. 한 인격체로써 한층 성숙해지기 위한 과정임을 알기 때문이다.

기다려주면 아이도 감정을 풀어낸다

한 번은 시댁에서 아이스크림을 가지고 첫째와 시아버님이 실랑이를 하고 있었다. 나는 다른 방에서 글을 쓰고 있었다.

"언니가 동생들이랑 나눠먹어야지 욕심 부리면 돼?!"

시아버님이 큰 소리로 말씀하셨다. 첫째는 토라져서 안 먹겠다며 방으로 뛰어들어갔다. 나는 잠시 후에 첫째가 들어간 방으로 조용히 들어갔다. 불만스러운 표정을 하고 있는 첫째에게 가까이 다가갔다.

"기분이 상했어? 아이스크림 혼자 먹고 싶은데 못 먹어서 그래?"

"그런 거 아니야."

퉁퉁거리며 대답했다.

"지금 말할 기분이 아니면 엄마가 조금 더 기다릴까? 이야기하고 싶어지면 그때 해도 돼."

1분 정도 기다리니 아이가 내 쪽으로 몸을 돌리며 말문을 열었다.

나는 아이들이 내 앞에서 감정을 표현해줘서 감사하다.

한 인격체로써 한층 성숙해지기 위한 과정임을 알기 때문이다.

"아니, 그게 아니고, 할아버지가 나한테 막 소리 지르잖아."

"할아버지는 다연이가 동생들이랑 사이좋게 나눠 먹으면 좋겠다고 하신 거야."

"그래서 나도 막 동생들이랑 나눠 먹으려고 했어. 그런데 갑자기 할아버지가 소리 질러서 화가 난 거야!"

"맞아. 할아버지 목소리가 조금 컸지?"

"응, 그래서 나도 화가 나니까 떼 부린 거야."

"할아버지도 다연이가 욕심 부리는 줄 아셨나봐. 그런 거 아니니까 서로 화해할까?"

다연이는 쭈뼛쭈뼛 나가서 시아버님께 먼저 말을 붙였다.

"할아버지, 아까 떼 부려서 죄송했어요."

"그래~ 동생들이랑 나눠 먹고, 할아버지가 이따가 똑같은 걸로 하나씩 사다줄게?"

"네, 할아버지. 할아버지도 화내지 말고 예쁘게 말해주세요."

"응, 할아버지가 미안해~"

시아버님도 다정하게 이해하며 대답해주셨다. 시아버님과 첫째는 금방 마음이 풀려버렸다. 나는 뒤에서 첫째에게 '엄지 척'을 날려주었다. 처음부터 할아버지와 손녀의 대화가 성공적이지는 않았다. 하지만 서로의 마음을 알 수 있는 좋은 기회였다. 나는 첫째의 감정을 급하게 해결하려고 하지 않았다. 이해하기 위해 다가가 충분히 기다려주었다. 감정을 풀어낸 첫째는 할아버지와 익숙하지는 않아도 점점 깊은 대화를 나눌 것이다. 아이가 감정을 스스로 풀어낼 때까지 기다려주었더니 여러 가지 좋은 기회까지 얻을 수 있었다.

엄마의 감정 역시 억압하지 마라

엄마도 짜증이 쌓이면 애먼 데로 분풀이를 할 때가 있다. 나는 평소에 바다같이 잔잔한 마음을 가진 엄마가 좋은 엄마라고 생각했었다. '부모명함'을 만들어 벽에 붙일 때도 바다를 그려넣었다. 아이들의 어떤 행동에도 최대한 차분하게 대하려고 노력했다. 그러면서 나는 진짜 바다 같은 엄마가 되었다고 착각했다.

그러던 어느 날, 사건이 터졌다. 내가 바닥에 돌아다니던 블록을 밟고 미끄러진 것이다. 갑자기 억눌렀던 감정들이 쏟아지기 시작했다.

"엄마가 하나 갖고 놀고 정리하고 다른 거 꺼내서 놀라고 했지? 저것 봐. 동생 우유 먹을 때도 조금만 주라고 했어? 안 했어?"

따발총이 따로 없었다. 아이들은 내가 쏜 감정의 총알을 다 맞고 있었다. 한바탕 쏟아부은 후 적막이 흘렀다.

'아, 내가 뭔가 불만이 있구나. 잔잔한 게 다 좋은 것은 아닌데 말이야…'

아이들은 슬금슬금 내 앞에 와서 어색한 웃음을 지었다. 막둥이도 분위기가 이상한 것을 아는지 멋쩍은 표정을 짓고 있었다.

나는 아이들의 감정을 억압하지 않으려고 나의 감정을 억압했던 것이다. 겉으로만 잔잔한 바다를 흉내 낸 내가 부끄러웠다. 육아는 아이들과 부모의 하모니인 것을 까맣게 잊고 말았다. 아이들에게만 집중해서 아이들만 잘 키우는 것이 전부가 아니었다. 엄마인 나도 같이 돌보며 때로는 아이들의 사랑도 받아야 한다. 그래야 아이들이 커서 독립할 때 나 역시 홀로설 수 있게 되는 것이다. 그때는 세상이라는 같은 무대에 서는 동지로 서로를 응원하게 된다.

엄마가 먼저 스스로를 다스려야 육아도 된다

나는 육아와 사람을 공부하면서 제일 먼저 챙겨야 할 것은 나라는 것을 깨달았다. 내가 나의 감정을 먼저 돌보지 못하면 아이들의 감정 또한 살필 수 없다. 위급상황에서 부모가 먼저 안전 장비를 착용해야 하는 이유와 같다. 부모가 무사해야 살아서 아이들을 챙길 수 있다. 육아를 할 때는 아이의 감정뿐 아니라 나의 감정도 억압하지 마라. 감정은 살아있는 에너지이다. '키를리안 사진기'라는 것이 있는데 물체의 빛이

나 파장을 찍는 기기이다. 예전 사람들은 이러한 빛이 물체의 기氣나 아우라라고 생각했다. 그도 그럴 것이, 신기하게도 사람마다 그 색깔이나 모양이 다르게 나타나기 때문이다. 비록 키를리안 사진기가 정말 사람의 감정을 찍는 것은 아니지만, 나는 감정은 눈에 보이지 않는 생명력을 가지고 있다고 믿는다.

아이의 감정을 억누르려고 하는 것은 아이의 행동이 마음에 들지 않다는 신호이다. 아이는 '엄마가 나를 있는 그대로 사랑하지 않는구나.' 생각하면 아이의 자존감은 낮아질 수밖에 없다. 내 감정을 억압하는 것도 마찬가지이다. 감정을 드러냈다는 것은 건강하다는 뜻이다. 자연스럽게 생기는 감정을 억압하지 말고 인정해주면 된다. 감정을 억압하지 말고 인정해주는 것이 곧 나와 아이를 인정하는 것이다.

♥ 엄마, 보세요!

▶ 아이가 처음 "엄마"라고 불렀을 때의 느낌을 기억하십니까? 아이가 아플 때 '건강하게만 자라달라'고 마음속으로 기도했던 적이 있으신가요? 진짜 중요한 가치를 잊지 마시고, 아이의 감정을 있는 그대로 인정해주세요.

피겨스케이팅의 꽃 김연아 선수의 연기를 보면 기술도 뛰어나지만 얼굴에서 표현되는 감정 선이 단연 압권이라고 생각한다. 자신 있게 모든 감정을 아름답게 표현해 관객을 열광시킨다.

선수들의 스포츠 경기를 보고 있으면 희로애락이 얼굴과 몸짓에서 표현된다. 경기에 집중과 재미를 더해주는 요소이다. 미국에서 방영 중인 토크쇼만 봐도 알 수 있다. 방청객들이 리얼한 리액션reaction이 프로그램의 깊이를 더하지 않는가?

다수의 사람들이 모여 있을 때 감정 표현을 세련되게 잘하면 인기가 많다. 사람들도 그 사람의 의견에 동의하며 따르게 된다. 상품을 이용하는 고객이 감정 표현을 해줘야 회사도 발전한다. 어떠한 고객의 소리에도 긍정적인 반응을 해야 고객도 발전한다. '감정 표현'은 프로답지 못하다고 생각하는 자체가 프로가 아닌 시대가 온 것이다.

아이가 너무 자주, 아무 데서나 잘 울어요

아이들은 몸이나 마음이 아프고 힘들 때도 울지만, 무언가 원하는 것이 있을 때도 웁니다. 끈질기게 징징거리고 울면 부모가 결국 자신의 요구를 들어준다는 것을 알기 때문이지요. 혹은 원하는 것을 요구하는 방법을 몰라서 무작정 우는 경우도 있습니다.

간혹 부모들 중에는 '재가 날 골려먹으려고 저렇게 아무 데서나 우나?'라고 생각하는 사람도 있습니다. 하지만 어떤 경우든 아이는 절대 '일부러 부모를 곤란하게 하려고' 울지는 않습니다.

당장 곤란하다고 해서 울음을 그치라고 윽박지르거나 화를 내면 아이의 울음은 더 심해집니다. 아이가 왜 우는지, 무엇을 원하는지를 알아내는 것이 먼저입니다. 주변을 잘 살펴 아이에게 동의를 구하고 문제를 해결해주세요.

요구를 들어줄 수 없다면 왜 안 되는지 설명해주세요. 부모가 자신에게 늘 관심을 가지고 있고, 가능하다면 문제를 해결해주려는 것을 알게 되면 아이는 울지 않고도 자신이 원하는 것을 말하는 방법을 찾아갈 것입니다.

07 가족 안에서 감정을 가르치고 배워라

*"면박 주는 아이는 눈치가 늘고, 또 하도록 독려하는 아이는 용기가 는다.
소리 질러 키운 아이는 분노하기를 잘하고,
그럴 수도 있다고 미소 지어 키운 아이는 온유함을 보여준다."
— 최효찬*

가족 간 대화를 통해 감정을 나눠라

"이번 명절에도 남편이랑 시아버님이 다섯 마디 했나? 어떻게 부자 사이에 그렇게 대화가 없을 수가 있지?"

"진짜? 우리 남편이랑 시아버님은 2시간 내내 이야기를 나누시던데…. 내가 애들 낮잠 재우려다가 하도 시끄러워서 조용히 좀 해달라고 했다니까."

명절이 끝나고 엄마들과 이야기를 나누었다. 우리 시댁은 대화가 많다. 그래서 가족끼리 감정의 관여도도 깊다.

감정은 타인과의 관계를 통해서 배워야 한다. 세상에 나 외에 다른 사람이 있기 때문에 느끼는 것이 감정이다. 앞서 말한 질투의 감정도 다른 사람이 있어야 한다. 고마운 감정 역시 마찬가지이다. 세상을 혼자 살아가는 것이 아님을 깨닫게 해주는 소중한 본능이다. 가족은 상처를 덜 받으면서 감정을 배울 수 있는 가장 안전한 울타리인 셈이다.

"선생님, 아이랑 어떻게 말을 해야 할지 잘 모르겠어요….."

많은 엄마들이 자녀와의 대화에서 어려움을 겪고 있다. 대화의 패턴을 살펴보고 있으면 각자의 말과 감정만 늘어놓고 있었다. 때로는 감정이입을 극단적으로 하고 있었다. 대화를 하는 방법에 대해서 모르는 것이 아니었다. 너무 잘하려고 하다 보니 중요한 것을 잊게 된 것이다.

아이가 처음 말을 했을 때를 기억해보자. 한 마디 한 마디에 집중했고 무슨 말이든지 수용해주지 않았던가? 작은 것 하나도 어떤 느낌인지 관심을 가졌다. 왜 그렇게 생각했는지 자유롭게 말하게 해주고 정성껏 들어주었다. 대화를 잘하는 방법이 따로 있는 것이 아니다. 감정을 자연스럽게 수용하고 인정하는 것에서부터 시작하면 된다.

가족은 상처를 덜 받으면서 감정을 배울 수 있는
가장 안전한 울타리인 셈이다.

감정에는 정답이 없다

엄마가 아이들의 감정을 인정하기 힘들어하는 이유는 감정에도 정답이 있다고 생각하기 때문이다. 그러나 감정은 단 하나의 정답으로는 설명할 수 없다. 어떤 상황에서 느껴지는 감정은 뒤섞여 있으며 굉장히 복합적이다.

청소년 상담사 연수 중에 지도교수님이 감정스티커를 나누어주면서 질문하셨다.

"선생님들, 오늘 연수 첫 날인데 어떤 감정이 드세요?"

감정 스티커는 기본적인 스마일을 포함해 여러 감정을 표현한 스티커였다. 40여 개 정도의 스티커들이 미묘하게 다른 표정을 짓고 있었다. 첫 감정을 떠올리는데도 몇 개의 감정들이 뒤섞여서 쉽지 않았다. 나도 학생들에게 같은 질문을 한 적이 있었다. 학생의 입장이 되어보고 나서야 그때 학생들이 망설인 이유를 알 것 같았다.

예를 들어 첫 수업이라 '설렘'이라는 감정을 느끼기 시작했다고 가정하자. 그 뒤에 걱정과 소심한 마음이 뒤따라온다. 그런데 정답을 '긴장감'이라고 할 수 있을까? 맞는 말이기도 하지만 앞서 느껴졌던 설렘과 걱정이라는 감정이 틀렸다고는 할 수 없다. 결국 답은 없는 질문이다. 하지만 우리는 답을 찾으려고 한다.

초등학교 도덕 시간에 '영희는 어떤 마음이었을까요?' 문제에 4지선다 답안 중 하나를 골라 찍은 기억이 난다. 문득 많은 상황 속에서 느끼는 감정들에 사람들이 답을 정해놓고 있다는 것을 알아차렸다. 특히 어른이 되어 대인관계를 원만히 하려면 상대방의 감정을 파악하는 것이 중요했다. 상대방의 감정을 찾아내고 공감하는 것이 정서적 유대감을 형성하는 기본이기 때문이다.

그러나 감정에는 정답이란 없는 것이다. 감정은 주관적이기 때문이다. 지금 생각해보니 영희의 주관적인 감정을 맞추는 시험 문제는 어이없는 문제였다. 앞의 내용과 같은 시험 문제는 우리가 어떤 상황에 맞는 감정에 정답을 두고 학습했다는 증거이다.

감정을 책으로 배운 엄마, 세상으로 나와라

지인이 아이들에게 책을 선물했다. 베스트셀러인 감정 동화책이었다. 감정을 명화와 함께 동화로 알기 쉽게 엮은 것이다. 내가 먼저 읽어보고 싶을 정도로 신선한 구성이었다. 목차를 같이 보는데 아이가 먼저 질문했다.

"엄마, 시기가 뭐야? 질투는 알겠는데 시기는 모르겠어."

미묘하게 다른 감정이지만 말로 설명하자니 떠오르지 않았다. 머리로는 알고 있었다. 질투는 다른 사람과 자신을 비교할 때 일어나는 감정이다. 나와 상대방인 2명의 감정을 다룬다. 하지만 시기는 3명의 관계 속에서 이루어지는 질투의 감정이다. 즉 삼자관계의 감정이라고 할 수 있다. 하지만 아이에게 예를 들어 쉽게 설명하려니 떠오르는 것이 없었다. 감정을 책으로 배운 세대이기 때문이다.

내가 학교를 다닐 때는 한 반에 40여 명 정도 있었다. 우리는 단체 생활에 익숙해져야 하는 시대에 살았다. 교과서를 몇 문장씩 돌아가면서 읽는 게 수업 방식이었다. 문학작품에 감정을 몰입하거나, 깊이 공감할 수 없었다. 책의 주제나 내용, 결론을 배우는 것에 급급했다. 제대로 감정 교육을 받지 못한 세대는 감정 어휘를 접할 기회도 많지 않았다. 평소에 소설이나 에세이 등을 통해 감정을 배우면 어휘력도 증가한다. 그나마 책으로라도 감정을 배울 수 있으면 다행인 것이다.

감정을 책으로 배운 세대가 나쁘다는 말이 아니다. 다만, 감정을 책으로 배우면 감정에 대한 혼란이 생길 수 있다. 사람마다 느끼는 감정이 다른데 감정을 이론처럼 생각하게 된다. 그러면 다른 사람과의 관계에서 오해할 수 있다. 나의 감정 그릇의 크기가 작으면 상대방의 감정을 담아내는 그릇 또한 작을 수밖에 없다.

그동안 책으로 감정을 배웠다면 이제는 상대방을 통해서 감정을 배우고 마음을 나눠야 한다. 책을 많이 읽어서 감정 어휘를 풍부하게 하자. 엄마의 표현력이 자녀에게 자연스럽게 교육되는데, 감정 어휘 또한 그렇다. 그리고 대인관계 속에서 감정 표현을 다양하게 시도해보자. 감정 언어를 사용하면 관계를 풍성하게 맺을 수 있다. 감정 언어를 통해 메말라있던 내 감정에 활기를 불어넣자.

♥ 엄마, 보세요!

▶ 책으로만 감정을 배웠다면 이제 세상으로 나와 감정을 배워봅시다. 감정 언어를 배우고 또 사용하면서 아이에게 다양한 감정 언어를 가르칠 수 있습니다. 감정은 다른 사람을 통해서 나를 성장시키는 중요한 기회입니다.

　아이들의 감정을 들여다보면 가족 간의 관계를 통해서 하나 되고 어울리도록 할 수 있다.

　"다연아. 서연이는 오늘 친구가 장난감을 빌려주지 않아서 속상했대. 그래서 지금 마음이 불편한 상태야."
　"서연아, 진짜 속상했겠다. 언니도 친구가 그래서 울었었거든. 힘내!"

　큰딸은 나의 말을 듣고 둘째의 어깨를 토닥이며 위로를 해주었다. 아직도 자매대전을 치루는 시기지만 위로가 무엇인지 아는 것으로 충분했다. 나도 가끔 아이의 감정을 들여다보지 못할 때도 있다. 그렇지만 방향은 알고 있기 때문에 급하게 서두르지 않는다. 아이들마다 다른 육아 방식을 적용해야 하지만 결국은 가족이라는 테두리 안에서 하나 되고 소통할 수 있는 방법을 가르쳐야 한다.

　일찍부터 아이들에게 부모와 다른 형제들의 감정을 바라볼 수 있도록 알려주자. 사회에서 습득하는 대인관계의 기초는 가족 관계에서 형성되기 때문이다. 내 감정을 알아채고 공감해주는 사람이 있다면 그 사람에게 더 호감을 갖게 되지 않는가?

아이의 감정을 들여다보는 것은 감정을 알아주는 것이다. 감정을 알아차리면 아이는 존중받는 느낌을 받고 자신을 돌아볼 수 있게 된다. 감정은 내 아이의 마음을 대변해준다. 마음속에 깊이 숨겨둔 아이의 감정에 손을 내밀어 주자. 다양한 감정의 모습을 들여다보는 과정은 엄마를 성숙하게 만들어준다. 나와 아이의 감정을 연결해 주는 하나의 전략을 터득한 셈이다.

EMOTION CONTROL PARENTING

3장

상처를 주지 않기 위한 7가지 행동관찰법

"지혜로운 사람은 본 것을 이야기하지만
어리석은 사람은 들은 것을 이야기한다."
—『탈무드』

01 관찰자 시점에서 객관적으로 바라보라

> "'모든 문제는 자식 탓이 아니라 내 탓이다.'
> 이 이치를 이해할 때 비로소 자식 문제를 해결하고
> 진정한 엄마 노릇을 할 수 있습니다."
> – 법륜스님

엄마가 상황을 보면 아이들이 스스로 답을 찾는다

"언니가 해줄게. 언니도 잘할 수 있는데 왜 못 믿는 거야?"

"아~앙!"

욕실에서 시끄러운 소리가 나더니 급기야 울음소리가 들려왔다. 문을 열고 상황을 보니 첫째가 둘째를 씻겨주려다가 거부당한 모양이었다. 둘째 서연이의 입술이 보라색이었다. 틀어진 물에 손을 대보니 미지근했다.

"서연아 추워?

"응. 엄마 추워요."

"다연아, 서연이는 따뜻한 물을 좋아해. 따뜻한 물로 해봐. 서연아! 목욕 계속할 거야? 언니가 씻겨준대."

"응, 엄마. 언니랑 씻고 나갈게요. 걱정하지 마요."

새침한 목소리로 서연이가 대답했다. 상황은 정리되었고 나는 집안 일을 마저 했다. 다연이는 미지근한 물을 좋아해서 조금만 온도가 높아도 소리를 지른다. 반대로 서연이는 다연이가 뜨겁다고 느껴질 정도의 온도를 좋아했다.

조금 다른 이야기지만, 이런 것마저도 '다연이는 엄마를, 서연이는 아빠를 닮았구나.'라는 생각이 들었다. 나는 미지근한 물을, 남편은 뜨거운 물로 샤워하는 것을 좋아했기 때문이다.

서연이는 차갑게 느껴지는 물로 목욕을 한다는 것이 불만이었다. 예전 같으면 둘이 대치 상태가 된 것을 보자마자 "됐어! 엄마가 해줄게." 하고는 후딱 내가 둘 다 씻겼을 것이다. 하지만 이제는 조금 느긋하게 바라보기로 했다. 둘 사이에 불만이 무엇인지 찾아보고 살짝 안내를 해 주었다. 놀랍게도 점점 아이들은 스스로 답을 찾기 시작했다.

내가 객관적으로 아이들을 바라보기 시작하면 상황 안에서 답을 찾을 수 있다. 사람은 스스로 올바른 답을 찾을 수 있는 능력이 있다. 모든 답을 알고 있는 지혜의 근본이 내 안에 있다.

관찰자의 시선을 간단히 말하면 '객관적으로 바라보기' 라고 설명할 수 있다. 국어 시간에 1인칭 시점, 전지적 작가 시점에 이어 3인칭 관찰자 시점을 배웠을 것이다. 3인칭 관찰자 시점은 인물의 마음이나 감정을 알 수 없고, '관찰'만 할 수 있다. 때문에 객관적인 상황을 파악할 수 있다. 나는 앞으로 '관찰자 시점'이라고 부르겠다. 관찰자 시점은 육아의 많은 문제들을 해결하게 도와준다. 더불어 내가 어떤 마음을 품고 바라보느냐에 따라 모든 것이 변할 수 있다는 사실도 알게 된다.

옆집 육아 훈수 두듯 아이와 나를 보라

"아빠가 신겨줄게. 기다려봐~"

"아, 무셔! 아, 무셔!"

"뭐가 무서워, 아빠가 있는데?"

18개월 아들과 37살 아빠가 현관에서 싸우고 있다. 나는 그 상황을 말없이 바라보고 있었다. 나는 보이는데 남편은 보지 못하는 것이 있었다. 현관에 쪼그려 앉아있는 남편은 불편한지 막내에게 빨리 신발을 신겨서 나가고 싶어 했다. 반대로 막둥이는 주도성이 생기는 연령이 되어 혼자서 신고 싶어하고 있었다. 요새 막둥이가 즐겨 쓰는 만사통용어는 "무섭다."이다. 이 경우에는 불만을 자기만의 언어로 표현한 것이다. '나는 혼자 신고 싶은데 아빠는 왜 그래?'라는 막둥이의 감정이 느껴졌다. 아빠의 조급함과 막둥이의 자신감이 부딪치는 상황인 것이다.

"여보, 좁은데 힘들겠다. 내가 할게. 재범이가 요새 혼자 하고 싶은 시기거든. 내가 도와줄게. 자기 먼저 나가요."

나는 먼저 남편에게 막내의 발달 상황을 알려주면서 불편한 현관에서 해방시켜주었다. 그리고 막내 앞에 앉아 신발을 혼자 신게 도와주기 시작했다.

"범아, 신발 혼자 신고 싶어? 응, 그래. 엄마가 도와줄게. 혼자서 발 꾸욱 넣어봐."

"네."

상황은 쉽게 종결되었다. 아들은 신발을 혼자 신었다는 사실에 기뻐했다. 남편도 아이의 발달 시기를 가늠하게 되었다. 엄마는 아이의 가장 든든한 대변인이 되어야 한다. 아이를 가장 많이 관찰하고 잘 아는 사람이기 때문이다. 내가 저 상황에 처하면 입장이 달라질까? 이런 생각이 들 때 관찰자 시선으로 바라보는 것이다.

관찰자 시점은 육아의 훈수를 두는 입장으로 생각해보는 것이다. 옆집 아이와 엄마의 다툼을 바라볼 때는 객관적으로 바라보게 된다. 그러면 답도 쉽게 보인다. 나 자신의 감정과 상황도 그렇게 관찰하고 답을 찾으면 되는 것이다. 물론 상황에 몰입된 상태에서 갑자기 자신을 관찰하기란 쉽지 않다. 평소에 관찰자 시선을 갖고 바라보는 연습을 해봐야 한다. 쉽지 않지만 결국 답은 내 안에 있으니 찾아야 되지 않겠는가?

♥ 엄마, 보세요!

▶ 관찰자 시점은 어렵지 않습니다. 아이들을 사랑하는 마음을 담아 바라보는 시선입니다. 아이가 커갈수록 벌어지는 세대 차이를 줄이는 마법입니다. 관찰자 시선은 육아의 새로운 관점을 열어줄 것입니다.

양자물리학에서도 바라보는 관점의 중요성을 '미립자'를 통해서 설명해주고 있다. 더 나아가 '관찰자효과'를 통해서 놀라운 사실을 발견했다. 바로 내가 어떤 관점을 가지고 대상을 바라보는지에 따라 대상의 속성도 변한다는 것이다. 입버릇처럼 이야기하던 "말이 씨가 된다."라는 속담이 과학적으로 설명된 것이었다. 교육자로써 가슴이 뛰는 순간이었다.

양자물리학을 기자의 관점에서 객관적으로 다룬 이상운 작가의 『왓칭』이라는 책을 읽고 잠을 이룰 수가 없었다. 때때로 방황하는 나에게 새로운 관점을 제시해주었다. 책을 읽자마자 이상운 작가님께 메일을 보냈다. 내가 갖고 있는 생각도 전하면서 진지하게 소명과 마음을 전했다. 얼마 후에 의미 있는 통화도 나누게 되었다.

"『왓칭』에 있는 내용을 육아와 제 삶에 적용하고 있습니다. 엄마들이 이해할 수 있도록 쉽게 책도 쓰고 싶어요. 책의 내용을 참고해서 써도 될까요?"

"엄마들에게 도움이 될 수 있다면 얼마든지 환영합니다."

진심어린 격려의 말씀에 더욱 힘이 났다. 그때부터 종종 소식을 전하고 응원을 받으며 이렇게 책을 쓰게 되었다.

02 관찰자 시점이 아이를 주인공으로 만든다

"자녀를 키울 때 가장 힘든 일은 자녀에 대한 두려움보다
희망을 앞세우는 것이다."
– 엘럿 굿맨

엄마가 아닌 아이를 주인공으로 만들어줘라

둘째가 빨갛게 충혈된 눈으로 "엄마, 피곤해."라고 말했다. 33개월도 안 된 아이가 피곤하다고 말하며 힘없이 안기니 눈물이 왈칵 쏟아졌다. 일주일 동안 '돌발진'으로 고열에 시달리던 막내가 기운을 차리자 둘째가 눈에 들어왔다. 둘째는 계속 힘이 없어 보였다. 아빠가 출근한 뒤로도 입을 삐죽거리며 속을 상하게 했다.

'무엇이 서러울까?'

막내와 만 2년하고 3일 차이나는 둘째는 한 번도 어린이집을 마다하

지 않았다. 그랬던 아이가 계속 울먹이는 이유를 찾아야 했다. 그러자 막내가 아팠던 기간 동안 둘째를 신경써주지 못했다는 것을 알게 되었다. 둘째는 동생이 아프니 어쩔 수 없다고 생각하며 눈치를 보면서 참고 있었던 것이다. 며칠 전부터 울컥거리며 이유 없이 울곤 했던 것이 떠올랐다. 순간, 둘째의 서러움이 짐작되면서 기특함과 미안한 감정이 한 번에 몰려왔다.

세 아이를 키우다 보니 정신없는 상황에 감정이 매몰되는 때가 있다. 시야가 좁아져서 중요한 것을 놓칠 때가 많다. 당연하지 않은 것을 당연하게 여기며 아이들의 이해를 바랐다. 아이를 안고 한참 울고 있는데 눈물을 훔치며 오히려 나를 달래주었다.

"엄마, 울지 마…. 엄마가 울면 나도 속상해."

그렇게 모녀가 대성통곡을 하며 한바탕 눈물을 쏟았다. 얼마 만에 울었는지 기억도 나지 않는다. 마음껏 울자 속이 후련해졌다. 그러고 나니 배가 고팠다. 어제 해둔 굴죽을 한 그릇씩 뚝딱 해치웠더니 기운이 났다. 둘째가 갑자기 어린이집에 간다며 집을 나섰다. 나도 한결 가벼워진 마음으로 아이를 데려다주었다.

집으로 돌아오는 길에 언젠가 첫째와 셋째만 데리고 병원에 다녀왔던 기억이 났다. 둘째는 자기 없이 셋이서 점심을 먹은 사진을 보고 "여기가 어디야? 나는 왜 안 데려갔어?" 하며 서운해했었다. 그 일도 아이의 마음에 남아있었을 것이다. 아이들에게 이유 없는 울음은 없다는 것을 다시 한 번 깨달았다.

셋째를 낳고 둘째와 둘만의 시간을 가져본 적이 없다. 아빠하고도 마찬가지였다. 서둘러 남편에게 휴가를 내라고 문자를 보냈다. '서연이의 날'을 만들기로 했다. 엄마아빠와 오롯이 신나게 '서연이의 날'을 보낸 아이는 표정이 밝아졌다. 자신도 사랑받고 있고 특별한 존재임을 깨달았으리라! 그 뒤로 지금까지 삼 남매는 특별한 자기만의 날을 누리게 되었다.

관찰자의 시선이 중요한 첫 번째 이유는 나의 마음 욕구뿐만 아니라 가족 모두의 욕구를 살필 수 있기 때문이다. 관찰하는 엄마는 나의 공간으로 아이를 초대하지 않는다. 아이들 각자의 고유의 공간을 만들어주고 따뜻한 시선으로 바라보아야 한다. 그래야지만 관찰자의 시선을 유지할 수 있다. 아이의 공간에서는 아이를 주인공으로 만들어주고 나는 관찰자로 남아야 한다.

아이를 무조건 '잘 될 떡잎'으로 봐라

두 번째로 관찰자의 시선은 희망을 줄 수 있다. 아이를 위해서라면 목숨도 아까워하지 않는 엄마이다.

관찰자의 시선은 바라는 대로 보는 것이다. '잘 될 나무는 떡잎부터 안다.'라는 속담이 있다. 떡잎을 알아보는 시선도 중요하다. 하지만 관찰자의 시선은 아이를 '잘 될 나무의 떡잎'으로 보는 것이다. 희망의 씨앗을 담고있는 떡잎으로 바라보면 된다.

"어머니, 재범이가 물건을 던져요. 제 표정을 보면서 장난으로요."

막둥이를 하원시킬 때 선생님께서 말씀하셨다. 언젠가 들을 것이라고 예상했던 질문이었다. 우리 부부는 야구광이다. 그래서 아들이 생기면 꼭 야구를 했으면 좋겠다고 생각했다. 우리의 바람이 재범이의 잠재의식에 심어졌는지 공을 너무 좋아했다. 공을 던지면 칭찬하니 그것이 심해져서 다른 물건도 던지게 된 것이다.

"선생님, 재범이가 투수가 되려나 봐요. 공을 너무 좋아해요. 조심시킬게요."
말씀 드린 뒤 퇴근하고 돌아온 남편에게 말했다.

"재범이는 메이저리그의 역사를 다시 쓸 투수가 될 거야. 대신 공만 벽에다가 던지는 거라고 알려주자."
막내는 장난감 야구공으로 저녁마다 아빠와의 시간을 보낸다. 제법 정확하고 힘 있게 던지고 있다. 어느덧 물건을 던지는 행동은 점차 줄었다.

아이의 행동을 희망으로 보게 되는 관찰자 시선은 아이의 꿈을 자라게 해준다. 내 안에 여유가 찾아온다. 나의 희망을 담아 나 역시 관찰하며 이야기한다. "현정아 괜찮아. 잘할 수 있어. 내가 응원할게!" 나를 나의 가장 큰 지지자로 생각할 수 있게 말이다.

아이와의 불필요한 감정 싸움을 멈춰라

마지막으로 관찰자의 시선은 감정을 발견하는 눈을 키워준다. 〈인사이드 아웃〉이라는 디즈니 만화영화를 관람했다. 인간의 머릿속에 감정들이 의인화되어 살아간다. 주인공에게 감정들이 어떤 역할을 하는지 재밌게 표현한 영화이다.

버럭, 소심, 기쁨, 슬픔이라는 4가지 감정 중 기쁨이가 주인공이다. 상황마다 자신들의 역할을 해내면서 아이가 성장하는 모습을 그린 것이다. 아이들과 같이 보고 감정을 이야기하는 데 큰 도움이 되었다.

"아빠 마음에 있는 사랑을 내가 다 뺏었어. 아빠 미워!"

서연이가 아빠한테 화가 났는지 버럭 소리를 질렀다. 나와 남편은 진지하게 말하는 모습이 귀여워서 쓰러졌다.

"웃지 마! 난 지금 화가 났단 말이야."

심각하게 말하니 우리도 얼른 감정을 정리했다.

"아빠가 서연이 속상하게 했어?"

"응! 아빠가 자꾸 사랑한다고 하면서 귀찮게 해."

아빠는 입을 오므리고 그림에 열중하는 서연이가 귀여워 껴안으려고 했다. 하지만 서연이는 집중을 방해하는 아빠의 손길이 귀찮았다. 아이는 아빠의 사랑하는 감정을 뺏어버리면 아빠가 귀찮게 하는 행동을 멈출 것이라고 생각한 것이다. 아이들은 상상할 수 없는 순수함을 지니고 있었다. 있는 그대로 사랑을 담아 관찰하기만 해도 어긋남 없이 자랄 것이다.

나는 아이의 감정을 알아채고 이름을 붙여주었다. 그리고 달래주니까 감정의 해결 방법도 생겼다. 관찰자 시선은 감정을 발견할 수 있도록 도와준다. 아이가 풍부한 감정을 찾아내도록 하라. 더 이상 불필요한 감정싸움으로 힘들어 하지말자. 관찰자의 시선은 약점보다는 강점을 보는 것이다. 육아가 힘들지만 그 속에서 소소한 희망을 찾아내는 방법이다. 엄마는 관찰자의 시선을 통해서 모든 가능성을 볼 수 있어야 한다.

▶ 아이가 어떤 나무일지는 알 수 없습니다. 하지만 지금 당장 아이에게서 움트는 새싹에 박수쳐주세요. 엄마의 사랑과 관심을 양분으로 자란 아이는 절대 시들지 않지요. 관찰자 시선이 긍정의 열매를 맺게 하는 법칙이 되어줄 것입니다.

03 감정에 색깔을 입혀 쉽게 표현하라

"어린이는 어른보다 한 시대 더 새로운 사람이다."
– 방정환

우리 아이는 무슨 색을 '왜' 좋아할까?

"엄마, 그림 그리자. 엄마는 무슨 색으로 그릴거야?"

"엄마는 빨간색이 좋아. 빨간색으로 할게."

나는 어렸을 때부터 빨간색이 유난히 좋았다. 언어로 내 감정을 표현할 때면 빨간색은 '중요한 표시'라서 좋다고 말했다. 나 스스로 중요한 사람이 되기를 바라는 마음에서 말한 것이다. 빨간색은 불과 태양을 대표하며 열정, 활력, 에너지, 확장, 사랑 등을 의미한다. 지금의 나의 이미지와도 어울리는 색깔이라고 생각한다.

첫째는 진한 분홍색을 좋아하고 둘째는 노란색을 좋아한다. 첫째에게 이유를 물었더니 핑크색은 '공주색'이라 좋다고 했다. 둘째는 노란색 병아리가 귀여워서 좋다고 했다. 수긍이 가는 대답이었다. 평소에 관심사가 색깔에 나타나서 웃음이 났다. 첫째는 외모에 관심이 많다. 분홍색 옷이나 액세서리 등을 보면 사고 싶어 안달이 난다. 둘째는 작고 귀여운 동물들을 좋아해서 잘 때도 미니어처들을 손에 꼭 쥐고 잔다.

진한 분홍색은 빨간색이 옅어진 의미로도 쓰이는데 '침착하고 나서지 않는 명랑함'을 의미한다. 열정은 있지만 빨간색만큼은 강렬하지는 않다. 노랑은 지혜가 있고 행복하며 상상력이 풍부하다. 생동감과 명랑, 자유를 상징한다. 영리한 인성과 강한 신념을 대변해서 사업 감각과 재치가 있다.

아이들에게 좋아하는 색깔과 싫어하는 색을 물어보면 대답을 곧잘 한다. 질문을 할 때 그 색깔을 좋아하는 이유와 싫어하는 이유를 함께 물어보자. 이유를 들으면 아이가 느끼는 색깔과 감정을 연결하기 쉬워진다. 엄마와 아이들이 선호하는 색깔을 살펴보면 이미지가 그려진다. 미술심리학에서는 색깔을 통해서 마음을 살피고 치유한다. 연령이 낮을수록 감정을 직접적으로 표현하기 어렵기 때문에 그림이나 다양한 미술 기법 등을 통해 파악한다.

아이들은 색의 감정을 읽는다

퇴근할 시간이 한참 지났는데 남편이 오질 않았다. 창문 밖으로 경기장 불빛이 환한 것을 보니 축구 경기가 있는 날이라 길이 막히는 구나 싶었다. 저녁을 먹고, 아이들과 함께 후반전 정도는 볼 수 있을 것 같아 TV를 켰다. 경기 중에 선수가 옐로카드를 받는 장면에서 첫째가 물었다.

"아빠, 노란색 카드를 왜 보여줘? 멈추라는 거야?"

나는 뒤에서 남편이 뭐라고 할지 유심히 보고 있었다. 남편은 오히려 첫째 다연이에게 되물었다.

"다연이는 왜 그러는 것 같은데?"
"선수들이 뭘 잘못했나 봐. 한 번만 봐달라고 하는 것 같은데?"

정답이었다. 같은 선수가 레드카드를 받는 장면을 보고 그 뜻 또한 단번에 알아차렸다.

"저 삼촌이 두 번 잘못해서 이제 같이 축구 못하게 하는 거야."

아이들은 상황을 보고 색깔카드의 의미를 파악했다. 좋은 기회가 찾아왔다. 다음날 아이들과 감정카드를 사용해서 놀이를 해야겠다는 생각이 들었다. 굴러다니는 단어카드 9개에 색종이를 붙이고 어떤 감정이냐고 물었다. 역시나 〈인사이드 아웃〉에서 본 캐릭터의 색깔대로 읊었다. 빨간색은 '버럭이화남', 노란색은 '기쁨이', 파란색은 '슬픔이', 초록색은 '까칠이' 그리고 보라색은 '소심이'라고 했다. 검정색은 혼자 있는 어두운 느낌이고, 흰색은 아주 먼 곳에 있어서 보이지 않는 느낌이라고 했다. 주황색은 맛있는 것을 먹었을 때 드는 감정이라고 말했다. 아이들의 표현력에 진심으로 감탄했다.

'까칠이'의 느낌이 어려운 것 같아 한 번 물어봤다. '싫은 걸 안 먹거나 귀찮은 것은 안하고 싶은 마음'이라고 했다. 영화에서 브로콜리를 먹으려고 했을 때 까칠이가 강하게 거부하는 장면이 떠올랐다. 사실 사람에게 쓰일 때는 '까칠하다'가 아니라 '까다롭다'라고 표현하는 것이 올바른 표현이다. 아이들의 이해를 돕기 위해 쉬운 말을 쓴 모양이었다. 작가가 얼마나 연구했는지 새삼 감탄했다. 아이들의 입장에서 들어보니 '까칠함'은 결코 부정적인 감정이 아니었다. 설명을 듣다가 『미움 받을 용기』라는 책이 떠올랐으니 말이다. 오늘도 난 아이들에게 '한 수' 아니 '두 수' 는 배운 것 같았다.

감정을 표현하는 감정카드 놀이

감정카드를 사용해서 상황을 만든 후에 감정을 표현해보자. 동화책을 읽고 난 뒤 주인공이나 등장인물의 감정을 색깔로 표현하는 것도 좋다. '하고 싶은 말이 있는데 못하고 있다면 감정카드로 대답해줄래?'라고도 말해보자. 아이들과 감정카드 사용하기는 긍정적인 일보다는 좋지 못한 상황에서 효과를 발휘한다. 아이들이 화가 나있거나 울고 있을 때 감정을 물으면 오히려 조급하게 느낄 수 있기 때문이다.

아이와 우리 가족만의 감정색깔 카드 언어를 만들어서 통용하자. 나는 감수성이 예민해서 감정의 동요가 쉽게 일어난다. 소리 없이 우는 장면만 봐도 덩달아 같이 울어버린다. 프로답지 못하다고 할 수 있지만 아직도 나는 강연을 할 때마다 울컥 하곤 한다. 감정카드를 통해서 나의 감정도 자주 들여다보게 되었다. 덕분에 내 자신을 스스로 치유할 수 있는 방법이 무엇인지 생각할 기회가 많다.

감정카드는 가족의 행복을 도와주는 파이프라인이라고 생각하면 쉽다. 파이프라인이 무엇인가? 위기에 대응할 수 있는 안전한 장치 아닌가? 새로운 가능성을 열어주는 통로가 아닌가?

감정에 색깔의 옷을 입히면 마음이 예뻐질 수 있다고 말해주자. 옷을 바꿔 입을 수 있는 것처럼 감정도 색깔에 맞게 맞춰 입는 것을 알려주면 좋다. 기분에 따라 옷을 바꿔 입는 것처럼 감정을 내가 스스로 선택할 수 있다는 것을 알려주는 것이 핵심이다. 색으로 표현하면 더 쉽고

감정카드를 통해서 나의 감정도 자주 들여다보게 되었다.
덕분에 내 자신을 스스로 치유할 수 있는 방법이
무엇인지 생각할 기회가 많다.

다양하게 표현할 수 있다. 엄마도 아이들과 이야기를 나누며 순수함으로 가득한 감정 표현을 배울 수 있을 것이다.

♥ 엄마, 보세요!

▶ 아이들에게 감정 눈높이를 맞추다 보면 엄마도 감정의 폭이 넓어짐을 느낄 수 있습니다. 그래서 아이를 키우면 마음이 넓어진다는 소리를 듣게 되나봅니다. 아이들과 감정에 색을 입히며 엄마도 한 수 배워보세요.

04 아이의 말을 감정적으로 받아들이지 마라

"인간은 스스로 믿는 대로 된다."
– 안톤 체호프

아이는 같은 언어에 담긴 다른 감정을 모른다

"아빠가 이 새끼 저 새끼라고 하니까 기분이 나빠요. 그러면 안 되는 거잖아요?"

어느 날 첫째가 아빠한테 직구를 날렸다. 이제 같은 언어에도 감정의 색깔이 다르다는 것을 알아차린 것이다. 친정 엄마가 아이들을 껴안을 때 "아이고~ 예쁜 내 새끼!"라고 하셨다. 나 역시 내 아이들에게 그렇게 표현할 때가 있었다. 그때의 '새끼'는 애정과 사랑을 담아 부르는 애칭이다. 그런데 아빠가 부정적인 감정을 담아 하는 말을 잡아낸 것이다.

어른들은 단어와 주는 의미를 감정에 잘 적용해서 쓸 수 있지만 아이들은 그냥 모방한다. 언어가 주는 느낌이 재밌거나 상황에 따라 어떤 단어가 각인되면 천재적인 모방 실력을 발휘하기도 한다. 어느 날 둘째가 언니랑 이야기하면서 "이 새끼야, 그러면 안 되지~"라고 말하는 게 아닌가? 깜짝 놀랐지만 그렇게라도 아이들이 어른들의 언어를 무방비하게 모방한다는 것을 알게 돼서 다행이라고 생각했다.

어른들이 언어 사용을 조심해야 하는 이유가 여기에 있다. 혹시 사용했으면 정확한 의도를 추후에 전달하는 것이 중요하다. 오해가 일어나지 않도록 하기 위해서다. 장난을 칠 때도 마찬가지다. 무심코 던진 장난에 아이의 마음은 피멍이 들 수 있다. 상처 난 마음에 약을 발라줘야 한다.

"쪼그만 게 뭘 안다고 그래? 어른들 일에 신경 쓰지 마."
아무렇지 않게 내 뱉는다.

"엄마가 내 마음을 알기나 해? 모르면 좀 가만히 있어."
내 아이가 다 커서 이렇게 말한다면 어떨까? 다시 돌려받는다고 생각하니 상상만 해도 억장이 무너진다. 아이들에게 감정적으로 내뱉은 말 한 마디가 돌아온 결과일지도 모른다. 그래서 생각을 전환해야 한다.

아이들은 언어적 표현, 비언어적 표현들이 어떤 결과를 내는지 잘 알지 못한다. 그래서 아이들의 말을 감정적으로 받아들이지 않으려고 노력해야 하는 것이다.

감정적으로 받아들이면 상황 파악을 할 수 없다

감정感情 : 어떤 현상이나 일에 대해 일어나는 마음이나 느끼는 기분.

"너 왜 이렇게 감정적이야?"라는 말의 뜻은 결국 마음이나 기분에 의해 말을 하거나 그렇게 표현되는 모든 것을 말한다. '감정'의 반대말인 '이성'이라는 단어의 뜻을 알아보자.

이성理性 : '개념적으로 사유하는 능력'을 감각적 능력에 상대하여 이르는 말.

인간을 다른 동물과 구별시켜 주는 인간의 본질적 특성이다. 동물은 감정을 느낄 수는 있지만, 이성적일 수는 없다는 뜻이다. 이성은 인간만이 갖고 있는 유일무이한 특성이라고 한다.

그럼 '받아들이다'라는 뜻도 살펴보자.

받아들이다

1) 사람들에게서 돈이나 물건 따위를 거두어 받다.

2) 다른 문화, 문물을 받아서 자기 것으로 되게 하다.

3) 다른 사람의 요구, 성의, 말 따위를 들어주다.

아이들은 자신의 자아가 확립되기 전까지 부모의 모든 모습을 보고 의식적·무의식적으로 흡수한다. 그러므로 아이들이 부모의 모습을 어떻게 받아들이는지를 신중하게 생각해야 한다. 나 역시도 아이들의 모습을 어떤 생각으로 받아들이고 있는지 살펴봐야 한다. 나는 감정적으로 받아들이지 말라는 소리를 다음과 같이 정리했다.

1. 감각이 느끼는 대로 받아들이지 말라는 것이다.

2. 상황을 이성적으로 받아들이면 되는 것이다.

3. 감정을 느끼지만 내 것으로 받아들이지 않으면 된다.

'감정적으로 받아들인다'는 의미는 '감정을 밑바탕으로 상황을 선택한다'는 것이다. 감정이 활동할 때에는 변연계가 활성화된다. 대뇌 반구의 안쪽과 밑에 해당하는 변연계는 본능적인 행동과 감정 조절에서 중요한 임무를 맡고 있다. 이성적으로 판단해야 하는 순간에는 전전두엽이 활성화 된다. 전전두엽은 대뇌 반구의 앞부분으로, 감정 통제를 비롯한 관리, 계획, 분석, 합리적 의사결정 등을 가능하게 한다. 수치상으로 전전두엽이 활성화되었을 때 이성적인 사고를 했다고 본다.

감정적으로 받아들이면 상황을 바르게 볼 수 없다. 감정이 끼어들면 이성적 사고를 하기 어렵다. 이성적 사고와 감정을 주관하는 뇌의 활성화 부분은 엄연히 다르기 때문이다. 상황과 말을 받아들이는 순간의 상태가 중요한 것이다. 감정적으로 받아들이면 아이와 나에게 득보단 실이 많을 수 있다. 혹시 어떤 상황이나 말에서 감정을, 그것도 부정적인 감정을 느꼈다면 나의 것이 아니라고 선언을 하라. 감정을 억압하라는 것이 아니다. 이성적으로 내 감정 상태를 파악하라는 말이다.

아이도 나도, 서로의 말을 감정적으로 들으면 안 된다

아이들이 사회성을 갖추기 위해서는 공감 능력이 반드시 필요하다. 상대방의 마음을 아는 공감 능력은 대개 36개월부터 발달한다. 이 말은 내 감정과 타인의 감정을 분리하기 시작했다는 뜻이다. 아이는 엄마와 자신이 하나가 아니라는 것을 인지하기 시작한다. 뱃속에 있을 때부터 엄마와 모든 것을 함께했다. 탄생과 동시에 몸은 분리되었지만 심리적인 연결고리로 관계를 이어나간다. 심리적 연결고리가 너무 두터워지면 아이의 걱정이 엄마의 것이 되는 순간이 온다. 부모와 자녀라는 감정의 연결고리는 생을 마감하는 순간까지 무한 반복일 수밖에 없다.

감정적으로 받아들이면 상황을 바르게 볼 수 없다.

감정이 끼어들면 이성적 사고를 하기 어렵다.

감정조절 육아법

좋은 감정이 일어날 때와 부정적인 감정이 일어나는 상황이 다르지 않다. 대개 상황이 문제가 아니라 내 마음의 상태에 따라 다르게 받아들인다. 같은 행동에도 다른 감정이 일어날 수 있다. 그것은 내가 오늘 나의 마음을 어떻게 선택하느냐에 달려 있다. 아이가 놀다가 다가와서 목을 안고 재잘재잘 이야기하면 어떤 날은 예쁘다고 안아주고, 어떤 날은 귀찮아하며 불편하다고 말하기도 한다.

하지만 언제나 아이들은 엄마의 의도와는 전혀 다른 생각을 한다. 단지 그 순간의 기분이 다른 것이지만, 아이들의 입장에서는 다르다. 아이들은 '예쁘다'고 말하는 것은 '사랑한다'는 의미이고, '귀찮다'고 말하는 것은 '사랑하지 않는다'는 의미라고 생각한다.

무심코 한 부모의 행동에도 감정적으로 받아들이지 않는 아이를 원하는가? 그러려면 부모가 먼저 모범을 보여야 한다. 엄마가 하는 행동에 대해 감정적으로 반응하지 말아야 하는 이유를 설명해줘라.

감정적으로 받아들이는 사람 중에는 상대방에게 집중을 잘하는 사람이 많다. 특히 부모와 자녀 사이에는 사랑이 전제되기 때문에 상대에게 집중이 더 깊고, 공감도 더 깊게 된다. 그런데 이것이 지나쳐 상대방의 감정을 내 것인 양 받아들이면 역효과가 난다.

혼자 끙끙대면서 외투의 지퍼를 잠그던 다연이가 버럭 짜증을 냈다.

"아, 진짜 짜증나! 왜 이렇게 안 되는 거야!"

"별 것도 아닌 걸로 왜 짜증이야. 엄마한테 그냥 해달라면 되잖아?"

하지만 아이의 감정과 내 감정을 분리할 수 있으면 대화의 방향이 바뀐다.

"안 되면 짜증나지? 엄마도 그래. 엄마가 도와줄 수 있는데, 그럴까?"

"아니야, 엄마. 일단 내가 해볼래. 그래도 안 되면 도와줘!"

아이가 나에게 감정을 건넬 때 아이의 입장에서 감정을 읽어줘라. 감정적인 상황을 따스한 감성으로 마무리할 수 있을 것이다.

♥ 엄마, 보세요!

▶ 아이는 같은 언어에 담긴 다른 감정을 모릅니다. 먼저 언어에 담긴 감정을 겪어본 감정 선배로서 살며시 다가가보세요. 그리고 아이가 자연스럽게 감정을 흘려보내도록 길을 열어주세요.

감정조절 육아 이야기
감정이 앞선다면 그런 이유가 있다

감정 노동자들이 힘든 이유는 상대방이 쏟아낸 감정들을 다 받아내기 때문이다. 나는 20대 초반에 보험회사 콜센터에서 일했었다. 집에 돌아오면 녹초가 되었다. 얼굴이 보이지 않는다고 매몰차게 구는 사람들이 많았다. 반면 다정하게 전화 통화를 해준 한 사람 덕에 내내 기분이 좋을 때도 있었다. 청소년 상담을 하고 나면 아이들의 고민이 내 것이 될 때가 있다. 상담사 연수를 받을 때 가장 강조하는 부분이 이것이다.

"그 날 상담 마치고 집에 갈 때 아이들을 집으로 데려가지 마세요!"

아이들의 고민을 집으로 가지고 가서 자신의 것인 양 고민하지 말란 뜻이다. 열정적으로 청소년을 돕고자 하는 마음은 십분 이해할 수 있다. 하지만 고민을 집으로 가져가면 감정도 계속 공유하고 있는 셈이다. 내 감정을 다 소진한 상태라면 오히려 독이 될 수 있다.

감정을 다독이고 충전할 수 있는 여건이 갖춰지지 않은 곳이 많다. 무방비한 상태로 반복되는 감정노출 상황은 건강에 위험할 수 있다. 병원에 가면 없던 병도 옮아오기 마련이다. 감정이라고 다르겠는가? 특히 늘 아이와 감정을 공유하고 있는 엄마라면 말할 필요도 없다. 감정이 앞서기 시작하면 나의 상태를 먼저 점검해봐야 한다. 잠은 충분히 잤는지, 욕구 불만은 없는지 천천히 살펴봐야 알 수 있다.

05 아이의 행동이 무엇을 말하려는 것일까?

"가장 충실한 사랑은 상대방의 말을 경청하는 것이다."
– 조이스 브러더스

아이가 왜 그러는지 엄마가 제일 잘 안다

"선생님, 우리 아이가 도대체 왜 그러는지 모르겠어요."

한 엄마가 나를 만나자마자 하소연을 했다. 아이는 22개월이 됐고, 다른 형제는 없었다. 나는 "엄마가 제일 잘 알 텐데요?"라고 다정히 물었다. 아이의 행동을 수정하려면 이유를 정확히 파악하는 것이 중요하다. 대다수의 엄마들은 자신은 이유를 모른다고 생각한다. 하지만 아이가 어릴수록 행동의 원인을 설명해줄 수 있는 사람은 엄마뿐이다.

그러나 아이가 이해하지 못하는 행동을 할 때 덜컥 겁부터 낸다. 보통 초보 엄마들이 질문도 많고 걱정도 많다. 처음 하는 육아이니 자신의 행동이 어떤 결과를 내는지 잘 모르기 때문이다. 그래서 아이의 문제 행동에 대한 죄책감도 높다. 아이가 자라는 과정에서 자연스럽게 겪는 과정인데도 엄마의 책임이라고 생각한다. 먼저 죄책감을 버리고 아이의 행동 뒤에 숨은 의도를 파악해야 한다. 그런 뒤에 기다려야 할지 도와줘야 할지를 결정할 수 있다.

육아가 곧 감정조절 공부이다

어린이집에서 부모교육을 한다는 공지가 떴다. 바쁜 일정에도 엄마의 역할을 소홀히 할 수는 없었다. 일을 마치고 서둘러 어린이집으로 향했다. 많은 엄마들이 모여서 이야기를 나누고 있었다. 한 엄마가 아이가 어린이집과 집에서의 태도가 다르다며 질문했다. 강사님은 아이가 사회성이 발달했기 때문이라고 하셨다. 우리 아이들도 실수하면 가끔 "엄마, 이건 선생님한테 비밀이야."라고 말한다. 어른도 소중한 사람에게는 좋은 모습만 보이고 싶은 것처럼, 아이에게는 선생님께 인정받고 싶은 마음이 있는 것이다.

나는 아이의 감정을 살피지 못할 때가 많았다. 하지만 아이는 자신만의 방법으로 살아낼 궁리를 하고 있었다. 나는 '육아 전문가'라고 불리고 있지만 정작 내 아이의 감정을 살피지 못함을 반성할 때가 많았다. 아침에 등원할 때 싫은 소리를 하고 나면 선생님께 메시지를 보내기도 한다. 아이의 신뢰를 받고 있는 선생님께 도움을 요청할 수밖에 없다.

'선생님, 다연이가 아침에 짜증을 내서 제가 혼냈어요. 잘 다독여주세요.'

마음을 살펴주지 못한 것에 대한 반성과 함께 말이다. 매번 아이의 감정을 다루고 이해해주는 것은 어려운 일이다. 사실 어른인 나도 감정을 모를 때가 많았다. '어떻게 세 아이의 감정을 다 살펴보지?' 나에게 스스로 핑계를 대곤 했다. 그런데 아이의 감정을 내버려두니 문제가 생기기 시작했다. 공부와 육아를 따로 생각하지 않기로 결심했다. 관찰자 시점으로 내 아이들을 관찰하는 것이 곧 공부인 것이다.

아이들에게 이유 없는 행동은 없다

'그래, 돈 주고도 하는 공부인데! 나는 아이가 셋이야. 얼마나 많은 경험과 사례를 얻을 수 있겠어? 유명한 학자들도 보통 자신의 아이들을 통해서 훌륭한 이론을 이끌어냈으니 나도 그렇게 해보자!'

첫째는 사람을 좋아하고 공감능력이 뛰어나다. 어려운 친구들을 도와주느라 자신의 것을 아낌없이 다 준다. 내가 선물한 것도 다 줘버리니 서운한 마음에 혼낸 적도 있다.

둘째는 태어난 천성은 순둥이였다. 그런데 막내가 태어나고 둘째가 되면서 예민한 성격을 가지게 되었다. 유독 집에서나 시댁에서 예민해지기도 했다. 눈치가 남달랐다. 언니와 남동생 사이에서 자신만의 살아낼 방법을 찾느라 예민해진 것 같다. 사랑받는 법을 스스로 찾아낸 것이다.

셋째는 애교쟁이다. 막내로서 누나들의 사랑까지 독차지하기 때문에 조금 막무가내이다. 행동에 자신감이 있고 막힘이 없다.

한 배에서 나온 아이들도 '아롱이다롱이'라더니 정말 그랬다. 세 아이에 대한 관찰 결과를 나만 알고 있을 순 없었다. 학기 초에는 선생님들께도 알려드렸다. 여러 가지 영역으로 나눠서 습관이나 행동, 성향 좋아하는 것, 싫어하는 것을 교류했다. 선생님들과 아이의 행동이 어떠한 감정을 수반하는지를 살필 수 있었다.

엄마들이 아이들을 돌볼 때 이해가 가지 않는 행동이 있으면 아이가 교육기관에서는 어떻게 행동하는지 물어보라고 조언한다. 어떤 어머니가 어린이집에 질문을 했는데 답을 찾은 모양이었다. 내게 와서 이야기했다.

"선생님, 우리 아이가 유독 짜증내는 상황이 있더라고요. 특히 집에서 자동차에 대한 집착이 심했는데 알고 봤더니 자동차만 갖고 놀면 친구가 뺏었나 봐요."

아이의 마음을 이해할 수 있는 포인트를 발견한 것이다. 아이들에게 이유 없는 행동은 없다. 보통 무의식에 저장된 행동들이 감정의 영향을 받기 때문이다. 그래서 현재 보이는 감정들은 대개 억압된 감정의 표현일 수 있다. 그래서 아이의 행동을 며칠 동안 관찰하는 것이 먼저인 것이다.

아이의 행동이 무엇을 말하는지 촉을 곤두세워라

둘째가 22개월 때부터 아랫입술을 오물거리며 빨기 시작했다. 입술을 물면서 빠는 것이 아니라 오물거리며 젖 먹는 것처럼 빠는 것이다. 셋째 임신과 이사가 겹쳤다. 어쩔 수 없이 어린이집까지 다니느라 아이에게 혼란을 줘 그런 반응이 나온 것 같았다. 더 많이 안아주고 놀이에도 집중했다. 그때마다 입술을 빠는 행동이 조금씩 줄어들었다. 잘 때나 집중할 때 그러는 것을 보니 '전이대상'이 된 것이다. 5살이 된 지금도 여전히 빨고 있다.

불안을 해소하고 둘째의 스트레스를 줄이려는 나름대로의 살 궁리인 것이다. 행동 수정을 하면 조금씩 개선이 되지만 반대로 강화될 수 있다. 그래서 그냥 두기로 했다. 이런 행동은 대개 유치원을 다닐 무렵 나아지기 때문이다.

언젠가는 독립을 맞이해야 할 시기가 올 것이다.
지금 많이 안아주고 표현해서 사랑 받았던 기억들을 남겨둬야 한다.
사랑의 뿌리가 깊을수록 아이는 방황하지 않는다.

나는 '기다림의 미학'의 진수를 육아에서 배울 수 있었다. 첫째는 잠잘 때 아빠의 귀를 만진다. 둘째와 셋째는 잠들 때까지 내 옆에서 배와 쇄골 뼈를 만진다. 방은 넓은데 나의 잘 곳은 점점 줄어들고 있다. 하지만 아이들이 자라면 각자의 방에서 잠이 들 것이다. 이렇게 살을 맞대고 잘 수 있는 것도 어릴 때만 가능한 일이다. 엄마로서 가장 행복한 때를 보내고 있는지도 모른다. 남편도 딸들이 품에서 멀어지려고 할 때면 서운함을 느낀다. 언젠가는 독립을 맞이해야 할 시기가 올 것이다. 지금 많이 안아주고 표현해서 사랑 받았던 기억들을 남겨둬야 한다. 사랑의 뿌리가 깊을수록 아이는 방황하지 않는다.

아이가 이해할 수 없는 행동을 한다면, 아이의 행동이 무엇을 말하려는 건지 머릿속에 제일 먼저 떠올려라. 어느 순간 연관된 무언가가 떠오를 것이다. 엄마가 찾아낼 수 있도록 모성본능이 도와주기 때문이다.

♥ 엄마, 보세요!

▶ 아이를 사랑하는 나의 마음을 믿고, 아이가 외치는 신호에 반응하세요. 아이의 행동에 집중하시면 반드시 들을 수 있습니다. 아이의 주파수는 언제나 엄마에게 향해 있으니까요.

감정조절 육아 이야기
아이들의 이상 행동에는 이유가 있다

동생이 초등학교 3학년, 나는 중학교 2학년 때였다. 생활비를 숨겨 두는 곳이 있었는데 돈이 얼마 비었다. 아무리 찾아봐도 없어서 지나가는 말로 동생한테 물었다. 모르겠다고 말하는 동생의 목소리가 이상하게 떨렸다. 아빠가 우릴 혼내실 때 "내가 너희들 머리 꼭대기에 있다."라고 했는데, 그 말의 의미를 알 것 같았다.

"복현아, 사실 누나가 돈을 다 적어놨어. 거짓말하면 누나한테 진짜 혼나! 도둑질하면 나쁜 사람 되는 거고, 그러면 누나도 못 보는 거야!"

동생은 깜짝 놀랐는지 바로 솔직하게 이야기했다.

"누나, 내가 책을 꺼내는데 돈이 거기 있는 걸 봤어. 그런데 진우가 딱지 갖고 놀려서 나도 갖고 싶어서 돈 갖고 간 거야."

안쓰럽고 짠해서 혼낼 수가 없었다. 다음부터는 사고 싶은 게 있으면 누나한테 꼭 말하라고 하고 동생을 다독였다. 동생을 재우고 속이 상해서 펑펑 울었다. 나도 똑같은 이유로 작은 엄마의 돈을 훔친 적이 있었기 때문이다. 그 뒤로 내 동생은 한 번도 물건을 훔친 적이 없다.

나는 아이들의 이상 행동 뒤에는 엄마에게만 들리는 소리가 있다고 생각한다. 그 소리에 귀 기울여 들어주면 올바른 행동으로 방향을 바꿀 수 있다.

06 아이의 의도를 긍정적으로 생각하라

"현재를 놓치면 현재의 달콤함은 다시 맛볼 수 없다."
– 에밀리 디킨스

아이가 '못됐다'고 지레짐작하지 마라

우리 집 세 아이는 모두 과일을 좋아한다. 딸기가 제철인 시기가 오면 400g 한 팩을 사 간식으로 주고는 했다. 딸기가 제철이라 알도 굵고 달달하니 맛이 좋았다. 삼 남매의 먹는 양과 속도가 다르기 때문에 각자 그릇에 같은 양과 크기로 잘라서 나누어준다. 첫째는 과일 귀신이라고 부를 정도로 과일을 좋아한다. 딸기를 나눠주고 얼마 지나지 않아 큰딸의 목소리가 들렸다.

"서연아, 이거 너 다 먹을 거야?"

"응! 내가 다 먹을 거야."

둘째가 대답을 하고 있는데 갑자기 내가 끼어들었다.

"이다연! 너 많이 먹었잖아. 동생은 빨리 못 먹는데 네 꺼 다 먹고 동생 딸기까지 욕심 부리는 거야?"

"아니야. 엄마…. 나는 다 먹었는데 재범이가 나한테 더 달라고 해서 서연이한테 하나만 달라고 물어본 거란 말이야. 내가 있으면 줄 텐데…. 엄마는 내 마음도 모르고 왜 그렇게 이야기해?"

입이 열 개라도 할 말이 없었다. 지레짐작으로 다연이가 욕심을 부리는 것이라고 오해한 것이다. 설사 그랬을지라도 동생들 앞에서 첫째를 나무랐던 것 자체가 실수였다.

아이의 의도를 짐작한다는 것은 내 기준에 맞춰 '답을 정해버린다'는 뜻이다. '너 다 먹을 거야?'라고 질문하는 것이 '욕심을 부릴 때' 하는 말임을 확신한 것이다. 엄마들은 보통 이런 짐작을 부정적인 방향으로 하는 경우가 많다.

긍정적으로 믿어주면 기대에 부응한다

아이들과의 대화가 점점 어려워진다고 말한다. 특히 사춘기 때 대화가 단절되는 경우가 많다. 결론을 부정적으로 내리고 시작하는 대화에

질려버렸기 때문이다. 지금까지 아이 말의 의도를 부모 마음대로 생각해오지 않았는가? 이제 아이들이 부모에게 그렇게 하고 있는 것이다. 부모가 평소에 부정적으로 대화를 주도해버리면 아이들은 자신의 이야기를 솔직하게 털어놓을 수 없다. 어른들도 나를 나쁘게 생각하는 사람과는 말하기 싫어진다. 부모도 사춘기 시절에 그랬을 것이다. 부모는 당연한 감정을 왜 잊어버렸을까?

"내버려둬요. 저렇게 하다가 말거야."
"그럼 그렇지."
"쟤는 원래 저래요."

이러한 대화 패턴이 생겼다면 어느 정도 포기했다는 것이다. 물론 소거법이라는 훈육법이 있다. 소거법은 불필요한 행동에 자극을 주지 않으면 자연스럽게 사라진다는 원리이다. 부정적인 것과는 다른 것임을 정확히 알아야 한다.

아이의 의도를 긍정적으로 생각해주고 받아들이는 자세가 중요하다. 나를 진심으로 믿어주는 사람에게 실망을 주고 싶은 사람은 없다. 특히 아이들은 부모의 믿음에 더 민감하다. 아이들은 자신의 의도를 긍정적으로 받아주는 마음에 화답하고 싶은 순수한 욕구가 있다. 나 역시 나의 의도를 파악해주고 지지해주는 사람들이 좋다. 그들이 나에 대해 더 큰 사랑을 품도록 하고 싶다. 상담을 할 때도 작은 반응에도 귀 기울이려고 노력한다. 나를 믿고 따라와주면 진심으로 대할 수밖에 없다.

사춘기도, '미친 5살'도 긍정적으로 생각하자

감정의 격변기가 사춘기에만 있다고 생각하면 오산이다. 아이가 5살쯤 되면 격한 심리적 변화가 온다. '미친 5살'이라고 거칠게 표현하기도 한다.

둘째가 사회성이 어느 정도 생기고 친구들과 역할 갈등을 하면서, 어린이집을 나서는 순간부터 모든 감정을 나에게 쏟아내기 시작했다. 스치는 겨울바람이 차가운 것도 '엄마 때문'이라고 할 정도였다. 마음에 들지 않는 것은 모두 '엄마 탓'이라고 하는 것이다. 어린이집에서는 최고의 모범생이고 친구들에게도 친절했다. 동생을 잘 돌봐서 사랑이 많은 아이라고 늘 칭찬 받았다. 무슨 이유가 있는지 궁금했다.

"서연아, 왜 요즘에 엄마 아빠한테 왜 이렇게 화내?"

"엄마랑 우리 가족이 제일 소중해서 잘해주고 싶은데 자꾸 나쁜 마음이 삐져나와."

이유가 있다고는 해도, 남편은 극에 달한 아이의 짜증에 답답해했다. 첫째와 셋째까지 가세한 날은 남편도 힘든 마음을 가누질 못했다. 나는 남편을 다독이며 설득할 수밖에 없었다.

"여보. 우리 아이들, 원에서는 엄청 잘한대. 그런데 집에서는 셋이 서로 부딪칠 일이 많잖아? 재범인 아직 어려서 마음대로 하려고 하고, 누나들도 감정을 풀 데가 없어. 그러니까 가장 든든하게 자신을 사랑해주는 우리한테 푸는 게 아닐까? 안전한 울타리니까…. 우리가 표현할 수 있는 방법도 알려주고, 아이들이랑 즐겁게 놀아주자. 자기도 감정마스터의 남편이잖아. 우리가 연습시켜주는 거라고 생각하자. 돈 주고도 못 배우는 귀한 경험이잖아?"

조금 억지스럽지만 긍정적인 방향으로 말했더니 남편도 마음이 풀렸다. 우리의 마음을 아이들에게 전하자, 아이들도 사과를 하면서 우리에게 안겼다. 우리말을 듣고서인지 혹은 자기들만의 시간을 가졌는지 자연스럽게 감정을 정리했다. 어느새 우리 가족은 서로의 감정조절을 도와주게 되었다. 서로의 감정에 긍정적인 의도를 찾아주는 역할을 하게 된 것이다.

당분간 셋째는 유아독존의 시간을 겪으며 자존감을 키워나갈 것이다. 또 첫째와 둘째는 나름대로 감정의 변화를 겪으며 성장할 것이다. 지금 아이들은 감정을 통해서 삶을 배우고 있다. 감정을 토대로 세상을 향해 한 걸음씩 나아가고 있는 것이다.

아이가 계속 짜증을 부리거나 고집을 피우면 엄마도 포기 선언을 할 때가 있다.

'나 좀 위로해주세요. 위로가 받고 싶어요. 그게 엄마였으면 좋겠어요.'
라는 마음의 소리를 들어보라.

"알았어. 엄마도 상관하지 않을게. 네 마음대로 해!"

이건 본래 내 뜻이 아닌데 엄마도 반복되는 패턴에 지친 것이다. 아이가 "엄마 때문이야!"라고 말했는가? '나 좀 위로해주세요. 위로가 받고 싶어요. 그게 엄마였으면 좋겠어요.'라는 마음의 소리를 들어보라. 아이들을 먼저 위로해주고 기분이 나아지면 천천히 조언해라. 아이가 부정적인 감정을 느낄 때 엄마를 탓하는 말을 하면 "엄마, 속상해요. 안아주세요."라고 말하도록 알려주면 된다. 아이의 의도를 긍정적으로 생각하자. 부모가 긍정적이면 자라는 아이들 역시 긍정적일 수밖에 없다는 것을 명심해라.

♥ 엄마, 보세요!

▶ 누군가에게 힘듦을 토로하는 이유는 힘든 나를 살포시 맡기고 싶은 마음이 있기 때문입니다. 아이들이 부모에게 짜증을 내는 것도 제일 알아줬으면 하는 사람이기 때문이겠지요. 위로가 필요하다는 아이들의 마음을 들어주세요.

나는 과거에 늘 이기고 싶은 마음이었다. 다른 사람에게 품었던 감정을 미움 받을까 봐 털어놓지 못했었다. 부모님에게 털어놓으면 버림받을 것 같아서 나에게만 투사하기 바빴다.

나를 혹독하게 일하는 것으로, 배우는 것으로 학대했다. 나를 소중히 여기는 방법을 몰라 자해도 했었다. '나 때문'이라는 말이 제일 싫었는데 아이들까지 그렇게 말하니 얼마나 속상했겠는가? 아이의 감정의 원인을 찾아내니 더 이상 서운하지 않았다.

결국 "나 좀 위로해주세요"라는 마음속 외침이었기 때문이다. 나는 '엄마, 아빠 때문에 너무 힘들어요.'라고 생각하면서 자랐다.

결국 위로와 보살핌이 필요했는데 누구한테도 인정받지 못해서 그랬던 것이다. 20살이 갓 지난 나이에 엄마가 되고 아빠가 된 부모님도 마찬가지다. 나는 어느새 부모님의 감정까지도 긍정적으로 생각할 수 있는 어른이 되었다.

07 아이의 '화'를 인정하고 살펴봐라

"분노는 모든 일을 잘못되게 한다."
– 스타티우스

아이의 '화'에 전염되지 마라

첫째가 유치원에서 받은 교구를 가지고 놀고 있었다. 둘째는 신기해 보였는지 같이 갖고 놀고 싶어 했다. 부러운 눈빛을 담아 "언니, 같이 놀자!"라고 말했다. 그런데 첫째가 거부했다.

"안 돼! 너도 네 것 중에 새 거는 못 만지게 하잖아. 기다려봐! 먼저 놀고 빌려줄게."

3분 정도 기다렸을까? 작은딸은 더 이상 못 기다리고 큰딸이 만든 작품을 망가뜨렸다. 자매대전이 시작되었다.

"너희들 그만 싸우자. 그렇게 싸우니까 엄마가 속상해….”

다음 말을 막 하려는데 첫째 다연이가 말을 가로 막았다.

"서연이가 먼저 그랬단 말이야. 정말 귀찮게 해. 넌 내 옆으로 오지
마! 올 자격이 없어!”

그 말을 들으니 갑자기 화가 솟구쳤다.

"자격이 없다니? 동생인데 무슨 자격이 필요해?”

목소리가 점점 커졌다. 첫째가 괘씸하다는 생각까지 들었다. 급기야
는 하지 말아야 할 말을 해버리고 말았다.

"너는 자격이 있어서 엄마 딸이 된 거야? 그냥 된 거지? 그런 말 하는
네가 더 자격 없어!”

속상한 감정으로 시작한 개입이었다. 그 속상함이 괘씸한 감정을 등
에 엎고, 분노로 변한 순간이었다. 강한 스파크가 오고 갔다. 눈에 보이
지는 않았지만 연기가 나는 듯 했다.

'화'라는 감정은 강한 전염성이 있다. 생존의 욕구에 밀접하기 때문에
더욱 치열하게 자신의 모습을 드러낸다. 아이의 싸움에서 화를 달래주
려고 시작한 말이 불씨가 되어 나에게 붙었다.

아이와 같이 화를 내면 안 되는 이유가 여기에 있다. 바로 새로운 감정이 합쳐지기 때문이다. 내 안에 억압되어 있던 다른 감정과 잘못 섞여 '기름에 물 붓기'가 된다.

나를 지켜주려는 화냄이 벌레를 잘 달래자

우리 뇌에는 '대뇌변연계'라는 아몬드 모양의 뇌 부위가 있다. 편도체扁桃體, Amygdala라고 하는데 감정을 조절하고, 공포에 대한 학습 및 기억을 하는 중요한 역할을 담당한다.

편도체는 '원시적 두뇌'라고 부르기도 한다. 오로지 생존에만 집착하는 본능을 갖고 있기 때문이다. 원시시대부터 나와 가족을 지키고 생존시키는 역할만을 담당했다. 지금까지도 역할이나 모습은 변하지 않았다. '유쾌함', '불쾌함', '중립'의 입장만 지키려는 고집 있는 어린 아이와 같다. '이렇게 단순한 뇌가 내 삶에 왜 필요한 것일까?'

시카고대학의 클링 박사는 편도체가 다친 원숭이 7마리를 정글에 풀어 놓았다. 7시간동안 1마리만 살고 나머지는 다 맹수들에게 잡아 먹혔다. 정상적인 편도체를 가진 원숭이를 가지고 실험했더니 두 마리만 제외하고 나 생존했다. 험난한 생존을 위해서는 부정적인 감정도 반드시 필요한 것이다.

나는 '편도체'를 화냄이 벌레라고 아이들에게 알려주었다. 영화 〈인사이드 아웃〉을 통해 감정의 역할을 하는 존재들이 있음을 알고 있었기 때문에 이해를 쉽게 했다. 버럭이의 역할과는 조금 다르게 이해하도록 도와줘야 했다.

"화냄이 벌레는 5살이야. 너희가 위험하면 자기가 지켜줘야 된다고 생각해. 그래서 막 화를 내기 시작하지. 너희가 화내지만 사실 머릿속에서 화냄이 벌레가 시키는 거야. 화냄이 벌레는 친절한 걸 좋아해. 화가 나면 조금 기다려주었다가 이제 그만 도와줘도 된다고 말해주면 돼."

몇 번씩 이야기를 해주었더니 화냄이 벌레를 이제는 자연스럽게 생각한다.

막둥이는 모든 것이 해맑다. 어리다고 모든 것을 웃어넘겨주기 때문에 그렇다. 어쩌다 누나들끼리 다투는 것을 보면 소리친 사람에게 뭐라고 뭐라고 중얼대며 혼을 낸다. 우는 누나에게는 살며시 가서 눈물을 닦아주고 안아준다. 누가 가르쳐주지도 않았는데 본능적으로 약자를 지켜주는 행동을 한다. 그것을 보면서 화냄이 벌레의 역할을 새삼 깨달았다.

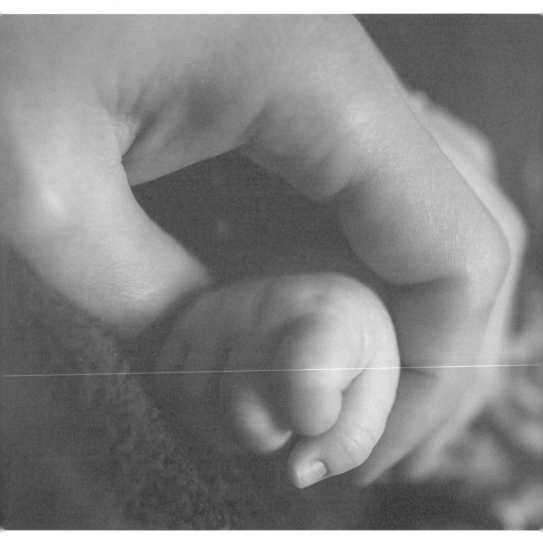

엄마의 도움을 요청하고 있다. 도와달라고 외치는 아이에게
화를 내고 있지 않은가?

아이를 도와준다고 아이가 화내는 감정에 함께 올라타면 안 된다. 화내는 감정은 자신의 존재를 인정해주는 순간 자연스럽게 사라진다. 관찰자의 시선으로 그것을 인식하기만 해도 화는 금방 가라앉게 되는 것이다. 내가 나를 관찰하기가 쉽지 않다면 다른 사람을 관찰해보자. 화라는 감정이 어떤 모습인지 살펴볼 수 있을 것이다.

아이들의 화는 도와달라는 발버둥이다

분노의 감정에 빠져버린 아이들이 많다. 어떻게 헤어 나올지 방법을 몰라 발버둥치다 모든 힘을 소진하고 있다. 아이들이 화가 났다는 것은 지금 아이에게 도움이 필요하다는 뜻이다.

"엄마, 내가 지금 살려고 발버둥 치고 있어요. 내 안에 화냄이 벌레가 나를 몰아세우고 있단 말이에요. 나는 생존의 위협을 받는 중이니 나를 도와주세요. 화냄이 벌레를 쫓아주세요. 나의 마음을 다독여주세요."

엄마의 도움을 요청하고 있다. 도와달라고 외치는 아이에게 화를 내고 있지 않은가?

극단적이지만 물에 빠져서 허우적대고 있는 사람에게 "조심 좀 하지! 물가에는 왜 가서 이 난리야!"라고 소리치는 거나 다름없다. 그보다는 물에 빠진 사람이 힘을 다 소진하기 전에 구해내고, 필요하면 인공호흡도 해야 하지 않을까? 훈계는 그 다음에 해도 늦지 않다.

관찰하는 것과 방관하는 것은 엄연히 다르다. 엄마는 아이들의 행동에 따른 결과에 책임이 있기 때문이다. 현명한 답안을 알고 있는 지혜로운 관찰자가 되어야 한다. 아이에게 올바르게 화내는 방법을 알려주자. 화내는 모든 감정이 통용되는 것은 아니다. 상대방에게 피해를 입히면 안 된다. 나 자신에게 상처를 주는 행위도 포함해서 허용 범위를 정해줘야 한다. 화난 감정을 알리거나 소리를 크게 칠 수 있다. 하지만 물건을 던지거나 때려서는 안 된다고 알려줘야 한다. 화가 나면 다른 곳으로 자리를 옮겨도 된다고 말해주자.

'화'를 다스리는 방법을 아이와 의논하자

꾸준한 연습 없이 화를 다스리기는 힘들다. 일상에서 매일 틈틈이 연습해야 가능하다. 어른 역시 조절하기 힘든 감정인데 아이들이 어려워하는 것은 당연하다. 서로 힘들다는 것을 알려주고 도움을 주고받아야 한다.

"얘들아, 엄마 목소리가 커지면 엄마한테 말해줘! 만약에 엄마도 화가 나기 시작하면 미리 이야기를 할게. 그때는 하던 행동을 멈춰줬으면 좋겠어!"

내 말에 큰딸은 "엄마, 나는 화가 나면 방으로 들어갈래요."라고 했다. 자신만의 화를 가라앉히는 방법도 만들어서 이야기를 나누자.

우리 집 냉장고는 메탈유리로 되어 있다. 화가 날 때 비춰진 내 모습에 새삼 놀란 적이 있다. 아이들에게 무서운 엄마의 모습을 보여주지 말자. 밝고 부드러운 모습으로 기억되는 엄마이고 싶지 않은가?

어른이 된다는 것은 관찰자의 역할을 맡게 된다는 것이다. 아이들이 화날 때 같이 화내지 말고 아이들의 행동을 주의 깊게 살펴봐라. 화내는 감정을 통해서 자신을 지키고 있는 것이다. 거친 몸부림이지만 인정해주고 다독여주자. 시간이 지날수록 표현이 세련되어지고 성숙해질 것이다.

♥ 엄마, 보세요!

▶ 아이들은 세상이라는 큰 무대에서 두려움을 이기기 위한 치열한 연습을 하고 있습니다. 엄마는 가장 앞자리에서 앉아서 격려의 박수를 아끼지 않는 첫 번째 팬이 되어주세요.

"잘한다. 7살 먹은 애랑 똑같으냐?"

시어머님이 남편에게 쓴 소리를 하신다. 아이랑 똑같이 화내다가 아빠의 권위로 억눌러 버렸기 때문이다. 남편은 나름대로 하소연을 한다.

남편의 편도체도 인정이 필요한 것이다. 어른이 됐다고 해서 편도체가 성숙해지는 것이 아니다. 똑같이 5살이다. 유독 남성들이 더욱 화라는 감정에 반응하는 것도 가족을 지키기 위한 본능이라고 생각하면 이해할 수 있다. 자녀가 몇 명이냐고 물을 때 우스갯소리로 말한다. "딸둘에 아들 하나, 그리고 크~은 아들 하나 더 키우고 있어요." 나는 가족을 지키기 위해 편도체를 출동시키는 남편이 고마울 때가 있다. 그렇기 때문에 남편의 화냄이 벌레도 인정해주기로 마음먹었다. 물론 나를 지키기 위한 화냄이 벌레도 포함시켜서 말이다.

부모들은 아이가 화를 내면 그만두게 해야 한다고 생각합니다. 그래서 아이가 화를 내면 '버릇없이~'라며 잘못된 일을 한 취급을 하거나, 윽박지르거나 때로는 함께 화를 내지요. 그러면 아이는 화를 내면 안 된다는 생각을 가지게 됩니다. 감정을 억압하게 되는 것이지요.

물론 아예 떼를 쓰거나 약한 상대에게 화풀이를 하거나 예의가 없는 행동은 고쳐줘야겠지요. 하지만 '화' 자체는 아이의 감정입니다. 위협을 느꼈거나 불안할 때, 좌절감이 느껴질 때, 우울할 때 화를 내기도 합니다. 아이가 화를 내면 부모는 이성을 유지하면서 화를 표현할 더 나은 방법, 상처를 덜 주고받을 수 있는 방법을 알려주는 것이 좋습니다.

EMOTION CONTROL PARENTING

4장

후회하기 싫은 엄마의 7가지 감정조절법

"우리가 사랑으로 할 수 있는 일은
위대한 일이 아니라 사소한 일이다."
– 테레사 수녀

01 엄마의 감정을 아이의 감정과 분리하라

> "노하기를 더디 하는 자는 용사보다 낫고,
> 자기의 마음을 다스리는 자는 성을 빼앗은 자보다 낫다."
> – 잠언 16:32

감정과 감정을 일으킨 상황을 분리하라

저녁을 먹고 양치질까지 완벽한 잠자리를 갖췄다. 이제 베개를 등에 대고 아이들과 책을 몇 권 읽다가 자면 안성맞춤이었다. 그런데 갑자기 전화벨이 울렸다. 갑자기 생긴 강의와 예전부터 잡혀 있던 일의 일정이 겹쳐서 한 가지를 선택해야 된다는 것이었다.

나는 짧은 시간에 현명한 선택을 해야 한다는 부담감과 초조함에 직면했다. 한편 내가 심각하든 말든 아이들이 갑자기 흥분하기 시작했다. 지금껏 늦은 시간에 걸려온 전화가 많지 않았기 때문이다.

"엄마, 누구야? 외삼촌이야? 나도 바꿔줘!"

첫째가 말하자 둘째는 더 놀고 싶었는지 블록 상자를 다 엎었다. 셋째는 갑자기 냉장고를 열어달라고 아우성쳤다. 정신이 하나도 없었다. 중요한 결정을 해야 하는데 시간도 상황도 여의치 않아 머리가 터질 것만 같았다. 결국 다시 전화를 하겠다며 양해를 구하고 상황을 정리하려고 노력했다. 그 와중에 둘째는 내 다리에 매달려서 장난을 치고 있었다. 나도 모르게 힘주어 아이를 떼어냈다. 엄마가 자신을 때렸다며 아빠에게 고자질하는 소리가 들렸다. 별일이 아닌데도 슬쩍 억울한 마음이 들었다.

'내 상황은 심각한데 쟤가 또 왜 저러는 거야!'

짜증이 슬슬 올라오기 시작했다. 아이들은 아이들대로 엄마와 함께 누워서 책을 읽을 시간을 방해받는 바람에 정돈되었던 감정이 들끓기 시작했다. 허탈감과 기다려야 한다는 지루한 감정을 마구 발산했다. 정신없는 아이들의 행동과 한 통의 전화로부터 비롯된 내 감정이 뒤섞여 원망하는 마음이 들었다. 엉망진창 감정의 전쟁터였다. 내 감정을 정리할 시간적, 상황적 여유도 없으니 감정을 아이에게 쏟아내고 말았다. 갑자기 물을 달라는 막둥이에게 "밤에 웬 물을 그렇게 마셔?" 톡 쏘아댔다. 기서귀를 차는 아이에게 말도 안 되는 소리를 해버린 것이다.

하지만 가만히 생각해보면, 통화쯤이야 지금하든 나중에 하든 상관없었다. 답은 이미 정해져 있었다. 내가 가장 하고 싶은 일을 선택하면 최상의 결과를 낼 수 있다는 것을 알고 있었다. 올바른 결정을 하기 위해서 나의 감정들을 먼저 살펴봐야 했다. 어느 쪽에 서운한 감정이 드는지를 명확하게 생각했어야 했다. 그리고 나의 신념과 맞는 쪽에 집중해야 했다.

상황과 감정을 분리하지 못한 1차적 책임을 통감한 순간이었다. 나는 상황과 감정을 분리하지 않고 계속 부딪치게 했다. 그 짜증이 아이에게 투사되었다. 아이들은 엄마로부터 거부당해 속상함과 섭섭함을 느꼈을 것이다.

가족이 서로 감정의 중재자가 될 수 있다

내가 복잡한 감정을 인지하지 못하고 던져버릴 때, 더 예민하게 알아차리는 사람이 있다. 바로 둘째이다. 둘째는 나를 감정마스터로 만들어 준 최고의 스승이었다.

"엄마 왜 표정이 그래? 눈이 하트가 아니야. 화났어?"

나를 관찰하고 있다가 내 감정에 대해 묻거나, 언니와 동생이 무언가 실수하면 "괜찮아! 그럴 수 있어."라고 말해주기도 한다. 둘째는 우리 가족 안에서 감정 중재자 역할을 멋지게 소화해내고 있었다.

가족 간의 중재자의 역할은 누구나 할 수 있다. 서로 역할을 하다 보면 상황을 판단하는 능력도 발달하게 된다. 가족의 성격도 파악하게 돼서 대인관계 능력도 향상된다. 사회적 기술의 시험과 발전은 가정이라는 안정된 테두리 안에서 해보는 것이 좋다. 자녀가 하나라면 부부의 중재자가 될 수도 있을 것이다. 아이들의 역할을 제한하지 말고 인정해라. 아이들도 부모의 중재자가 될 수 있다. 부모가 존중받으려면 아이들을 먼저 존중하면 된다.

감정이 시작되면 이름표를 붙여라

복잡하게 엉킨 실타래는 한 번에 풀기가 어렵다. 감정도 여러 감정이 뒤섞이다 보면 처음 시작된 감정을 찾기가 쉽지 않다. 그렇기 때문에 감정을 느끼는 시작 단계에서부터 감정을 분리해야 한다. 새로운 감정이 일어나기 시작한 시점을 파악하라. 그리고 감정의 이름표를 붙여버리면 된다.

'내가 지금 화가 나기 시작했구나! 혹은 '이건 내 감정이 아니야. 내가 느껴서 책임질 필요는 없어.'라고 생각하는 연습을 해야 한다.

남편이나 자녀가 있다면 미리 도움을 요청해도 된다. 가족만의 약속 언어로 감정을 분리할 신호를 보내는 것이다. 나는 아이들에게 나의 감정을 받아내리고 강요하기 싫었다. 상처를 주기 전에 아이들에게 스스로를 지킬 수 있도록 방패를 준 셈이다.

자녀가 하나라면 부부의 중재자가 될 수도 있을 것이다.
아이들의 역할을 제한하지 말고 인정해라.

"엄마 얼굴이 화난 표정이 되거나 목소리가 커지면 꼭 말해줘. 노력은 하지만 엄마도 화냄이 벌레가 갑자기 커져버리면 모를 수 있어. 그러니까 너희들이 도와줘야 해."

학교에 다닐 때 나의 물건에는 이름을 꼭 붙였다. 잃어버리지 않도록 관리하기 위해서이다. 우리는 이렇게 눈으로 볼 수 있는 작은 물건에는 신경을 쓴다. 그런데 내 인생을 좌우하는 감정에는 왜 이렇게 소홀한 걸까? 내 것인지 아닌지, 어떤 감정인지 잘 관리해도 모자라다. 너무 쉽게 다른 사람에게 줘버려서 상처를 주지 않았는가? 혹시 소중한 감정을 잃어버려서 헤매고 있지 않은가?

가족치료학자 머레이 보웬Murray Bowen은 모든 가족을 살아있는 유기체라고 말했다. 가족 구성원의 개별적인 변화가 가족 전체의 정서에 영향을 미칠 수 있다고 생각했다. 가족에는 일정한 패턴이 있으며, 이 구성원들이 이 패턴에서 적절하게 분화되는 것이 중요하다고 했다. 보웬이 제시한 중요 개념은 '자아분화'이다. 자아분화는 자신과 타인, 진짜 자신과 가짜 자신을 구별해내는 것이다. 성공적으로 자아가 분화된 사람은 감정을 분리할 줄도 알고 타인과의 관계에서 균형을 이룰 수도 있다. 자아의 분리가 이루어지지 못하면 이성적인 결정을 못한다. 그래서 감정에 의해 잘못된 선택을 하기도 한다. 이 이론에 의하면 가족은 자아분화 과정을 겪어야 한다. 예를 들면 엄마와 자녀는 정서적 융합에서 벗어나 자기 자신을 확립해나가는 과정을 겪을 필요가 있는 것이다.

자녀와 부모의 관계가 친밀할수록 감정을 자녀에게 투사하는 경향이 심할 수 있다. 감정이 복잡하게 연결되어있을 때는 마음속으로 질문을 해라.

'이 감정이 원래 내 것이었나?'

감정에 대한 분리를 하는 과정에서 감정을 인지할 수 있다. 감정을 알아차리면 '내 감정의 주인'이 될 수 있다.

♥ 엄마, 보세요!

▶ 감정의 분리가 감정의 단절을 의미하지는 않습니다. 아이와 엄마 사이의 감정에 대한 고유한 연결고리는 갖추어야 하지요. 그 다음에 지금 느끼는 감정의 주인이 누구인지 찾으면 감정적인 충돌이 훨씬 줄어들 거예요.

출생 순위에 따른 아이들의 성향이 정말 있나요?

출생순위에 따라 느낄 수 있는 감정을 파악하고 있으면 아이들을 키우는 데 도움이 됩니다. 심리학자 알프레드 아들러Alfred Adler는 출생 순위에 따른 자녀의 성향에 대해 이렇게 말했습니다.

"출생 순위에 따라 다른 환경이 형성되고 이에 따라 서로 다른 행동 양식이 발달하기 쉽다."

첫째는 '독자'였던 시간을 가지지만 동생이 태어나면서 엄청난 변화를 겪게 됩니다. 이 충격적인 경험이 첫째에게는 상처로 남을 수 있지요. 부모의 관심을 끌기 위한 투쟁 속에서 첫째는 결국 타인의 인정이나 애정에 초연해집니다. 독립심과 책임감이 강한 아이로 자라게 됩니다. 아들러는 종종 첫째를 '폐위된 왕'에 비유하기도 했습니다.

둘째는 태어나자마자 경쟁자를 두게 됩니다. 둘째의 인정 기준은 늘 첫째가 되고, 첫째를 넘어서려는 도전을 하게 됩니다. 또한 동생이 생기면 첫째가 겪었던 것과 비슷한 충격적 경험을 하게 됩니다. 중간자의 위치에서 중립을 지키며 중재하는 역할을 맡게 되지요.

막내의 경우에는 첫째와 둘째가 겪었던 경험이 없습니다. 늘 보호받고 인정받는 위치에 있지요. 하지만 손위형제들에 대한 열등감을 느낄 수도 있습니다. 반대로 무관심 속에서 자라는 경우도 있습니다.

형제가 없는 독자는 첫째와 같은 충격적 경험도 없고, 둘째와 같은 경쟁을 할 필요도 없습니다. 그러나 비교적 또래집단에서의 경험이 적을 가능성이 높지요. 처음으로 어린이집이나 학교에 갔을 때 또래 관계에 다소 어려움을 겪을 수도 있습니다.

부모와의 상호작용의 질이 높아 수준높은 어휘 구사와 커뮤니케이션 법을 배울 수 있습니다.

02 감정 관찰일기로 엄마의 감정부터 보라

"무슨 일이든 조금씩 차근차근 해 나가면 그리 어렵지 않다."
– 헨리 포드

엄마는 감정 책임지기가 힘들다

'멘탈붕괴.'

'멘탈이 나갔어요.'

이런 말들을 들어 본 적이 있을 것이다.

"애가 왜 이렇게 정신이 없어?"

"정신이 있는 거야? 없는 거야?"

어른들이 흔하게 쓰는 말과 비슷한 뜻이다. 어린 자녀들이나 아들 형제가 있는 집이면 하루에 한 번씩은 해봄직한 말일 것이다.

육아는 나의 온전한 정신을 쏙 빼는 데 탁월함을 발휘했다. 이른 아침부터 육아에 매진하다 저녁을 먹고 나면 정신이 혼미해질 때가 많았다. 특히 아이들 모두 방학을 했을 때는 '놓지 말자. 정신 줄!'을 주문처럼 외우며 스스로를 격려했다.

아이를 낳기 전에는 감정을 다스리는 일이 이렇게까지 힘들지는 않았다. 상황에 맞게 컨디션을 조절할 수 있었다. 월경주기가 가까워지면 미리 예감하고 다스리며 지나가기도 했다. 55개월 모유수유와 세 아이의 임신 기간까지 세어보았다. 무려 7년 동안 월경을 5번밖에 안 했다. 내 몸과 감정이 조화를 이뤘던 상태를 잊기에 충분한 시간이었다.

지독한 생리통을 떠나보냈으나 밤중 수유를 맞이했다. 나는 엄마가 되었지만 여자의 감을 잃어가고 있었다. 수유 덕에 가슴은 밑으로 내려와 뱃살이 되었다. 쭈글쭈글 늘어난 뱃살을 아들은 좋다고 만진다. '아…. 나는 돌아올 수 없는 길을 건넜구나!' 내가 선택한 길이므로 허탈감만은 느끼고 싶지 않았다. 하지만 힘든 감정을 책임지는 것은 어려운 일이었다.

엄마의 감정을 알아차리는 감정 관찰일기

같은 상황을 겪어도 사람마다 느끼는 감정은 다르다. 스트레스에 취약한 사람이 있는가 하면 건강하게 이겨내는 사람이 있다. 사람은 감정을 인정받을 때 존중 받음을 느끼고, 자존감이 무의식에 저장된다. 심리학자 게슈탈트는 이를 '알아차림'이라고 했다.

알아차리다 : 알고 정신을 차려 깨닫다.

나의 감정을 알아차리기 위해 관찰자의 시선을 기록하는 과정이 필요했다. 그래서 '감정 관찰일기'를 쓰게 된 것이다. 써보면 감정 관찰일기를 쓰면 좋은 이유를 알 수 있다.

첫째, 언제 어떤 상황에서 내가 느끼는 감정인지를 파악할 수 있다.
둘째, 솔직한 감정을 표현함으로 감정 해소 효과가 있다.
셋째, 자신도 모르는 감정의 뿌리를 확인할 수 있다.
넷째, 내게 있는 감정에 대한 고정관념을 확인할 수 있다.
    (합리적 신념과 비합리적 신념 유추)
다섯째, 감정 대응에 따른 신체적 변화를 관찰할 수 있다.

초등학교 방학이 끝날 무렵 밀린 일기를 몰아서 쓰느라 며칠을 고생한 적이 있다. 일기를 쓰고 메모하는 것을 좋아했다. 하지만 방학 때는 외가에서는 오로지 놀기에만 집중했다. 방학이 끝날 무렵 한꺼번에 많은 경험과 감정을 찾아내야 했다. 무엇이 진짜 그날의 감정인지를 잊어버렸다. 감정 관찰일기도 마찬가지이다. '나중에 써야지.' 하면 정확한 감정을 놓치기 마련이다.

육아에서 시간이 조금 자유롭다면 휴대폰 '감정일기' 앱이 있으니 자신에게 맞는 것을 다운받아 사용해보자. 시간적 여유가 없다면, 냉장고 앞에 포스트잇을 붙여 활용하자. 몇 장씩 붙여놓고 감정을 느낄 때마다 간단히 기록해두자. 휴대폰 메모장을 사용해 감정 단어만 적어뒀다가 자기 전에 정리하는 것도 좋다. 일단 일주일 동안 쓰는 것을 목표로 하고 가벼운 마음으로 시작하면 된다. 감정 관찰일기를 쓰면서 가장 빈도가 높은 감정이 어떤 상황에서 비롯되었는지를 살펴보자. 시간이 지나고 데이터가 쌓이면 객관적으로 평가할 수 있기 때문이다.

감정 관찰일기 쓰는 법

감정을 알아차리기만 해도 감정조절은 어렵지 않다. 어느 정도 방향을 잡을 수 있기 때문이다. 근원적인 감정의 뿌리는 아주 오래전일 수도 있고 최근의 일일 수도 있다. 감정 관찰일기를 쓰면서 시간 여행을 하는 것이라고 편하게 생각해보자. 나의 감정 관찰일기를 누군가 본다고 생각해서 숨기는 경우가 있다. 나를 속이지 말고 최대한 솔직하게 써보자.

감정 관찰일기 쓰는 법은 다음과 같다.

1. 내가 겪은 상황과 느낀 감정을 관찰자의 시선으로 써보기
2. 감정에 따른 나의 행동반응을 기록하기
3. 그날의 생각 및 계획을 쓰기
4. 관찰자의 입장으로 피드백을 하기

4번의 이유는 관찰자의 시선을 확보해서 들여다보기를 할 수 있기 때문이다.

1. 둘째가 화장실에서 소변을 보고 있었다. 나는 등원시간이 늦을 것 같아서 내가 마무리를 해준다고 했다. 둘째는 자기가 한다고 하고 마무리했다. 씻고 옷을 갈아입고 나가려고 하는데 갑자기 속옷이 불편하니까 갈아입는다고 했다.

2. 나는 화가 올라왔지만 늦었으니까 그냥 가자고 했다. 아이는 짜증을 내면서 자기 말은 들어주지 않는다고 소리를 쳤다. 급기야 울기 시작했다. "누가 내 말을 안 들어줬는데…. 그러니까 내가 아까 화장실에서 마무리해준다고 했잖아. 엄마 말도 안 듣고 지금 늦었는데 이게 무슨 행동이야?" 화를 버럭 내고 아이를 거칠게 화장실로 데려가 씻기고 준비를 시켰다. 등원을 할 때마다 반복되는 이 상황이 이제 지겹다….

3. 오늘 나의 계획은 시간 안에 아이를 보내고 은행 업무를 보는 것이었다. 그런데 아이들을 깨우는 데 시간이 조금 더 걸렸다. 그래서 마음이 조급해졌다. 둘째가 화장실에서 '혼자서 한다고 할 때 시간을 줄일 수 있겠구나.'라는 안심하는 마음이 생겼다. 그렇지만 '이따가 분명히 또 불편하다고 하겠지?'라는 불안한 마음도 있었다.

4. 조금 더 다정하게 말했어야 했다. 아이를 좋은 마음으로 설득했으면 시간도 맞추고 서로의 마음도 지킬 수 있었을 것이다. 다음에는 예상되는 상황이 벌어지면 포기하지 말아야겠다. 좋은 방향으로 감정을 전환하고 상황을 봐야겠다.

이렇게 감정 관찰일기를 써서 자신의 감정의 변화를 살펴보는 것이다. 감정 관찰일기를 일주일만 써보자. 아이와 함께 지나간 사진이나 일기를 보면서 "그때 엄마는 네가 진짜 흡족해 보였어." 아이를 관찰한 나의 느낌도 말해보면 좋다. 아이는 모르는 감정 언어를 물어보게 될 것이다. 감정을 느끼게 하려고 일부러 상황에 노출시키면 안 된다. 강한 자극이나 일부러 잦은 노출을 시키면 감정은 본래 속성을 잃는다. 경험을 제공하는 것도 주의가 필요하다. 중요한 것은 감정을 상상하도록 이끌어주는 것이다.

경험을 제공하는 것도 주의가 필요하다.

중요한 것은 감정을 상상하도록 이끌어주는 것이다.

'엄마와 동생들과 키즈 카페에 갔다. 아빠가 바빠서 같이 못 갔는데 아쉬운 마음이 들었다. 다음에는 같이 가서 함께 놀았으면 좋겠다.'

곧 초등학교에 입학하는 첫째가 요즘 일기를 쓰는 데 한참 열중이다. 함께 옆에서 쓰다가 내가 감정이입을 할 때가 많다. 일기에 감정을 쓰면 그것이 곧 감정 관찰일기의 기초인 것이다. 저학년일수록 감정 언어의 폭이 좁다. '신났다. 좋았다 재미있었다. 속상했다.'의 무한 반복이다. 감정을 조금 성장시켜서 일기를 쓸 때 자연스럽게 알려주는 것이 좋다. '좋았다'의 표현에 상상력을 더해주자. '날아갈 것 같은 기분이 들었다.'고 표현하거나 '뿌듯하다', '흔쾌히' 이런 단어들을 사용해서 어휘력도 함께 늘려주면 된다.

감정 언어로 감정을 자주 표현하면 감정이 풍부한 아이가 된다. 감정은 상상력을 키워주는 촉매제이다. 상상력은 사람의 무한한 가능성의 보물창고이다. 감정을 통해 상상력을 키우고 소중한 하루가 되도록 마음을 지켜주자.

♥ 엄마, 보세요!

▶ 엄마도 자신의 감정을 책임지기 힘들 때가 있습니다. 알아차리지도 못할 때도 있습니다. 감정 관찰일기로 자신의 감정을 관찰하고 점검하고, 아이와 함께 공유해보세요. 아이에게도 좋은 경험이 될 겁니다.

03 아이가 아니라 엄마의 감정에 대해 말하라

행동에 대한 정확한 피드백이 필요하다

"가! 가! 가란 말이야! 너 때문에 되는 게 하나도 없어!"

유명한 CF의 카피다. 카피의 내용이지만 직접 들어본 적이 있는가? 직접 해본 적은 있는가? 정말 속상하고 가슴 아픈 말이 아닐 수 없다.

막둥이가 18개월이 막 지날 무렵 혼자서 뛰어가다 넘어졌다. 누나를 가리키며 '누나 때문이야!'라는 제스처를 취했다. 아이가 넘어지면 보통 "누가 그랬어? 엄마가 혼내줄게!"라고 말하며 "때찌! 때찌!" 때리는 시늠까지 한다. 하지만 정말로 '누구' 때문에 넘어진 것인가? 아이는 걷거나 뛰는 것이 서툴러서 혼자 넘어진 것이다. 그럴 땐 그냥 아픈 상처와 마음을 달래주면 된다.

아이들은 자신의 감정을 푸는 대상을 본능적으로 찾아내기 마련이다. 그러므로 굳이 앞서서 찾아줄 필요는 없다. 어른이 되어도 마찬가지다. 어른들도 상처를 받으면 외부에서 이유를 찾으려고 하는 등 방어적으로 반응한다. '너' 자체가 잘못이라고 몰아붙이면 방어적, 공격적으로 대응이 나올 수밖에 없다. 존재에 대한 지적보다는 행동에 대한 정확한 피드백을 줘야 한다. 그래야 그 사람의 존재 가치가 손상되지 않는다. 나를 다른 사람으로 바꿀 수는 없지 않은가? 하지만 행동의 변화는 얼마든지 가능하다. 이러한 접근이면 어른은 물론이요 아이도 받아들이기 쉽다.

나 전달법으로 말하면 상황과 감정이 일치된다
'나 전달법'은 I나 메시지로 나의 감정과 상황을 전달하는 것이다. 대화를 나누는 모든 상황에서 쓰일 수 있다.

"엄마는 네가 물건을 정리하지 않으니까 정신이 없어. 조금 정리하고 놀까?"

"넌 왜 정리도 안 해? 정신이 하나도 없네."

두 방식의 차이이다. '나 전달법'으로 말한 첫 번째 방식은 감정의 주체를 엄마로 확정하고 말하기 때문에 아이의 감정이 위축되지 않는다. 하지만 단점도 있다. 매 순간 이렇게 하기는 어렵다는 것이다. 상담을 전공한 나도 많은 연습을 했기 때문에 가능했다. 그런데 관찰자의 시선을 가지면 적용이 쉽다. 시간도 줄어들고 한결 편하게 조절할 수 있다.

"다연이가 지금 물건을 바닥에 계속 늘어놓고 있어. 조금 치우고 또 해볼까?"

전달하려는 뜻을 가볍게 툭 건네는 것이다. 나 전달법의 형식이지만 관찰자의 입장이기 때문에 편한 느낌이다. 아이가 괜찮다고 하면 그대로 두면 된다. 그래도 아이가 반응이 없다면, 나의 불편함을 전달하면서 한 번 더 이야기를 하자.

"엄마가 움직일 공간이 없어지고 있어. 조금 치우고 또 놀자."

감정과 말과 행동을 일치시켜서 설명해라

나는 말의 힘이 얼마나 강력한지 몸소 깨달은 경험자이다. 감정을 제대로 표현하지 않으면 대게 엄마는 참으며 억압하게 된다. 화난 얼굴을 하고 있으면서 아이들이 "엄마, 화 났어요?"라고 물어보면 "화 안 났어."라고 말한다. '이중구속'이라는 용어에 해당되는 말이다. 이중구속은 한 사람이 모순되거나 공존할 수 없는 방식으로 해석될 수 있는 메시지를 둘 이상 전하여, 메시지를 받은 사람에게 그 결과를 정확하게 알 수 없게 만드는 의사전달 방식이다.

사실은 아이 때문일 수도 있고, 어쩌면 정말로 아이들과는 상관없는 이유로 기분이 안 좋은 것일 수도 있다. 이유가 무엇이든 엄마가 화난 얼굴과 목소리로 "화 안났어."라고 말하면 아이들은 어떤 판단을 내려야 할지 혼란을 겪는다. 자연스럽게 엄마의 눈치를 보게 되고, 이후에도 엄마의 표정이 안 좋으면 진짜 이유와는 관계없이 아이들은 계속 눈치를 볼 수밖에 없다. 이것이 반복되면 '엄마의 말은 항상 곧이곧대로 믿으면 안 되는구나.'를 배우게 된다. 아이가 "엄마, 화 났어요?"라고 말하며 눈치를 본다면 솔직하게 말해주는 것이 낫다.

"응, 엄마가 회사에서 어려운 일을 맡아서 마음이 조금 힘들어. 너희 때문에 화난 건 아니야. 조금 기다려주면 괜찮아질 거야."
상황에 따른 감정이 일치하기 때문에 아이도 엄마도 혼란이 없다. 문제의 해결점을 찾기도 쉽다.

행복은 멀리 있는 것이 아니다.

내가 행복한 대화법을 선택하면 되는 것이다.

핵심만 짧고 정확하게 전달하라

아이들은 집중 시간이 짧다. 긴 문장으로 말하기 보다는 핵심만 정확히 전달할 필요가 있다. 아이가 긴 말을 오랜 시간 듣고 있을 리 만무하다. 그러나 하루에 몇 번씩 바뀌는 감정을 일일이 핵심적으로 전달하는 것도 쉬운 일이 아니다.

"어디서 큰 소리가 나네? 둘 다 엄마 딸인데, 싸우는 것 같아서 속상하다…."

상황을 완전히 파악하고 완벽한 문장을 만들려고 하면 이미 늦는다. 간략히 상황 파악을 한 후에 마음을 먼저 전달하라. 이런 방식이라면 오히려 어린 자녀에게도 부드럽게 이야기할 수도 있다.

"네가 그렇게 말하니까 엄마에게 짜증이라는 감정이 찾아왔어. 어떻게 하면 좋을까?"

나긋한 목소리로 감정을 이야기하면 아이들은 오히려 쉽게 집중한다. 자신의 행동이 다른 사람에게 어떤 의미가 있는지 깨닫게 된다. 그리고 자기들도 모방을 통해 자연스럽게 사용할 수 있게 된다.

"엄마가 그렇게 말하니까 내가 속상해…."

'나 전달법'이 문제를 해결해주는 것이 아니다. 다음의 대화를 이어가도록 연결고리를 만들어주는 것이다. 그래서 '나 전달법'은 장기 프로젝트이다. 익숙해지면 사춘기에도 도움을 받는다. 엄마들은 아들이 사춘기를 겪을 때 나누는 대화는 생존을 확인하는 수준이라고 토로한다. 그럴수록 짧은 대화 속에 핵심 감정을 잘 표현해야 한다. 대화의 기회가 많지 않기 때문이다.

존재를 공격하지 말고 감정을 전달하라

그러나 청소년들에게 갑자기 나 전달법을 사용하면 다음과 같은 문제가 있을 수 있다. '우리 엄마가 오늘 무슨 교육을 또 듣고 왔구나.'라고 직감한다고 한다. 청소년들은 그 패턴을 이미 알고 있다. 상황에 맞게 전략적으로 접근해야 한다. 육아도 교육도 전략이 중요하기 때문이다.

아이들에게 갑자기 사용하게 되면 어색함 때문에 진심이 묻혀버린다. 내가 사용하는 말을 내가 직접 들어보면 안다. 어색하지 않게 대화를 나누듯 사용하도록 신경 써라. 나 전달법은 오랜 기간 동안 일관성을 가지고 끝까지 사용해야 하는 언어이다.

"왜 이렇게 늦게 들어와! 지금 몇 시인 줄 알아?" 이렇게 다짜고짜 말해버리면 대화는 단절되고 만다. "많이 늦었네. 전화라도 해주지. 엄마가 걱정했잖아." 행동 자체에 대한 나의 진솔한 감정을 드러내는 것이다. 자연스럽게 쓸 수 있도록 연습을 해야 한다. 자연스럽게 안 되면 평소에 남편이나 다른 사람들에게 먼저 연습해보라.

다른 사람과의 소통에서도 빛을 발할 수 있다. '너 때문이야!'라고 존재의 가치를 공격하지 말고 '지금 너의 행동에 대한 나의 감정'을 전달하는 것이다. 그렇기 때문에 해결의 실마리도 행동을 통해 찾을 수 있다.

"자기가 눈을 부릅뜨고 이야기하니까 혼나는 기분이 들어. 좋게 이야기 해주면 안 될까? 자기가 저번에 내가 그렇게 이야기하니까 그랬잖아. 지금 나도 자기한테 혼나는 기분이 들어."
이렇게 나의 말을 남편이 기억하고 말해줄 때도 있다. 긍정적인 신호라고 생각했다. 대화법을 일관성 있게 사용하다 보면 의도를 파악하는 데 도움을 준다.

나 전달법은 서로를 배려하고 있다는 것을 알려 준다. 또 당신은 나에게 소중한 사람이라는 것을 느끼게 해준다. 자녀 역시 자녀의 역할을 감당하는 것이 쉬운 일이 아닐 것이다.
우리도 엄마가 되기 전에 자녀였지 않은가? 어른이 되어서는 그때가 제일 좋았다고 하지만 자녀는 나름의 어려움이 있을 것이다. 우리가 부모가 되는 순간 잊어버린 것뿐이다. 죽을 만큼 잔소리가 싫었는데 지금 나 역시 잔소리를 하고 있지 않은가?

아이가 아닌 행동에 초점을 맞추고 엄마의 감정을 부드럽게 전달해 보자.

"나는 엄마가 그렇게 이야기해줘서 고마워요."

우리 아이와 이렇게 대화를 나눌 날을 생각해보라. 행복은 멀리 있는 것이 아니다. 내가 행복한 대화법을 선택하면 되는 것이다.

♥ 엄마, 보세요!

▶ 완벽한 부모가 되기는 불가능합니다. 그래서 좋은 부모가 될 수 있도록 올바른 방향을 아는 것이 중요하지요. 아이가 아니라 감정에 초점을 맞추세요. 아이도 엄마의 포근한 대화법을 배우게 될 것입니다.

말이 부끄럽다면 응원 카드로 메시지 전달을 해보자

    삶을 이야기 하는 강연 모임이 『청춘 도다리』라는 책으로도 출간되었다. 그곳에서 응원 카드를 만들었는데 활용도가 아주 높다. 청소년들에게 마음에 드는 것으로 골라보라고 했다.

    "당신 존재 그 자체만으로 소중하고 감사합니다."
    "그대는 나에게 귀하고 고마운 소중한 사람입니다."
    "그냥 당신이면 되어요."

    자신들이 듣고 싶은 고백의 말들이었다. 카드에 응원의 글과 그림이 담겨있다. 나 역시 종종 아이들에게 카드를 들고 표현한다. 존재 자체로 충분히 사랑받아야 하는 아이들이다. 자녀는 사실 부모에게 그런 존재 아닌가? 사랑한다는 직접적인 표현이 가장 좋다. 그리고 이렇게 카드로 표현해보니 또 다른 감정의 울림이 있었다.

    서로가 존재하는 이유가 서로에게 기쁨이 된다면 행복한 것이다. 아이와 부모의 자존감은 견고해질 수밖에 없다. 내가 요새 제일 좋아하는 하는 말은 "네가 있어서 참 좋다. 네가 같이 있으니까 힘이 나."라는 말이다.

04 1분만 상황을 떠나 마음을 진정시켜라

화냄이 벌레를 달래는 마법의 시간, 1분

세 아이를 키우면서 가장 빈번하게 만나는 감정의 골짜기는 아침이었다. 아침 잠이 많은 첫째와의 감정 줄다리기는 흥미진진하다. 첫째를 부르는 호칭도 시간이 경과와 깨우는 빈도에 따라 점점 변한다. 처음에는 "사랑하는 내 큰딸~"로 시작한다. 이 뒤로는 "예쁜 우리 딸~", "내 딸~", "다연아!"로 변해서 "야! 이다연!"으로 마무리될 때가 많았다.

첫째는 물론 둘째와 셋째까지 준비시키고 나도 출근 준비를 해야 한다. 홍길동이 부럽지 않은 분신술을 발휘해야 하는 험난한 시간이다.

지각이라는 인생의 맛을 경험시켜주고 싶지만 지각을 해도 큰 문제가 없는 유치원생에게는 의미가 없는 방법이다. 큰아이가 일어날 때까지 시간을 두고 다른 준비에 몰두했다. 화냄이 벌레가 나오지 않도록 부단히 노력하고 또 노력했다. '인내의 인내의 인내의 인내'를 해야 하는 시간이었다.

아침 시간을 여유롭게 쓰기 위해서 새벽부터 일어나 준비도 해봤다. 하지만 연령이 비슷한 아이들의 컨디션에 따라 변수가 생겼다. 첫째는 일단 일어나기만 하면 혼자서도 준비를 잘하는데, 아침마다 깨우기는 준비한 대본대로 되지 않았다. 3번 정도 깨워서 나오면 출발이 좋은 편이다. 3번이 넘어가면 나도 내 감정에 대한 대비를 해야 했다. 그때쯤 되면 화냄이 벌레가 어느새 슬금슬금 모습을 드러낸다.

"일어나기 힘들면 조금 천천히 나와도 돼. 어제 피곤했나보다."
처음에는 잘 대처했다. 둘째와 셋째는 벌써 씻고 나와 거실에서 시리얼에 과일을 먹고 있었다.

"불을 왜 벌써 킨 거야. 눈부시잖아! 불 끄면 안 돼?"
그런데 짜증 섞인 목소리가 방에서 새어나왔다. 나는 더 이상 참을 수가 없었다.

"야! 네가 자는 것 때문에 우리가 불 끄고 있어야 해?"

첫째를 부르는 호칭에 눌러놓은 감정의 무게가 실렸다. 큰딸의 짜증은 쏙 들어갔고, 나는 화장실로 들어갔다. 감정의 끈은 화장실로 따라와서 이어졌지만 나는 담담하게 이야기했다.

"다연이도 혼자서 지금 한 행동에 대해서 생각하고 있어봐. 엄마도 그럴게."

거울을 보니 얼굴이 빨갛게 달아올라 있다. 마침 입고 있던 티셔츠의 그림이 하얀 불도그였는데 표정이 똑 닮았다. '하나, 둘, 셋, 넷, …….' 속으로 천천히 30까지 세면서 천천히 깊은 호흡을 했다. 1분이 지나고 나니 마음이 가벼워졌다. '화냄이 벌레'는 나를 지키기 위해서 작동했지만 조금 기다리니 괜찮아졌다. 이제 나와 내 아이를 지킬 수 있으니 다시 돌려보냈다.

화냄이 벌레는 놀랍게도 1분이면 사라지는 작동 기제를 가지고 있다. 부정적인 감정의 뿌리는 화냄이 벌레, 즉 편도체이다. 생존욕구만 가지고 있다는 화냄이 벌레를 달래는 시간은 1분 정도면 충분하다.

화가 날 때 자리를 피해서 감정을 다스리는 행동은 긍정적으로 생각해야 한다. 상대가 그런 행동을 취할 때, 간혹 자신을 무시한다고 생각하지만 무시도, 회피도 아니다. 오히려 자신의 감정을 터트려서 상처를 주지 않기 위한 행동이다. 부부 간에도 감정이 대립하면 타임 신호를 보내고 각자 시간을 주도록 하라. 부모와 자녀 사이에도 행동 약속을 하는 것이 좋다. 감정을 무시하거나 회피하는 것이 아닌 좋은 기회를 마련하는 것이다.

처음 몇 번은 경험해보지 않아서 어색할 수 있다. 하지만 습관이 되면 관계의 발전을 위한 신호가 될 수 있다. 인내는 쓰나 열매는 달다고 하지 않았는가? 우리 가족도 '잠깐' 혹은 '그만'이라는 신호를 사용한다.

조바심은 아이에 대한 믿음을 흔든다

아침 잠이 많은 아이가 걱정이었다. 이론상으로는 수면 패턴을 잘 잡아주고 충분히 재우면 된다고 한다. 훈육으로 얼마든지 가능한 일이긴 하다. 다만 가족 모두가 일찍 자고 일찍 일어나는 습관을 갖춰야 성공할 수 있다. 또한 형제들의 연령대가 비슷해야 하고, 모두의 하루 일과를 맞추어야 한다. 주말에는 집에서 형제들과 함께 노느라 낮잠을 자지 않는 아이들이 많을 것이다.

지금 대한민국은 아이들에게 일정한 수면 패턴을 잡아줄 수 있는 육아 환경이 아니다. 연령대별 권장 수면 시간은 대체 왜 있는 것일까? 답답할 때가 많다. 엄마들이 혼란스러울 수밖에 없다.

이런 답답한 육아 환경에서 잊지 말아야 할 것은 엄마의 태도이다. 육아는 정답을 향해 가는 것이 아니다. 방향을 잘 잡는 것이 중요하다. 나역시 어렸을 때 소풍날은 깨우지 않아도 벌떡 일어났다. 그러므로 내아이들도 걱정하지 않기로 했다. 문제는 나의 조바심이었다. 엄마가 조바심을 내지 말아야 한다. 아이들에 대한 믿음을 지키고 마음을 다스릴수 있어야 한다. 조바심은 가만히 있어도 쑥쑥 자라서 아이에 대한 믿음을 흔들리게 하기 때문이다.

인기리에 방영된 드라마 〈도깨비〉에서 이런 대사가 나온다. 억울하게 죽은 뒤 천 년 동안 도깨비로서 삶을 이어온 남자 주인공 김신이 인간인 여자 주인공 지은탁과 나눈 대화의 내용이다.

"아저씨는 엄청난 과거사에 비해 밝네요."
"거의 천 년이야. 난 뭐 천 년이나 슬퍼? 난 내 운명을 겸허히 받아들이고 씩씩하게 사는 당찬 도깨비야. 천년만년 가는 슬픔이 어디있겠어. 천년만년 가는 사랑이 어디 있고…."

천 년의 슬픔은 없다는 도깨비의 말에 공감을 외쳤다. 오랜 시간 어떤 감정을 일으킨 대상을 만나지 못하면 똑같은 감정을 유지할 수 없는 것이다. 나중에 일시적으로 그 사람을 대면했을 때 같은 감정이 다시 일어

아이들은 화가 나면 이불을 뒤집어쓰고 소리를 내거나
각자의 피난처로 피하기도 한다.
각자의 특성대로 1분 남짓한 시간을 홀로 보내고 다시 만난다.

날 수 있지만 처음만큼은 아닐 것이다. 감정은 시간이 지나면 무뎌지기 마련이다. 또한 어떠한 감정에 자주 노출되면 감정의 강도는 줄어든다. 빈도에도 영향을 받는 것이다. 상담 기법에 홍수법이 이 같은 효과를 기대하는 것이다. 홍수법은 어떤 충격적인 경험을 안전한 환경에서 다시 경험하면 정서 반응이 줄어든다는 가정에서 사용되는 심리 상담 기법이다.

하지만 가장 좋은 방법은 화난 이유를 살피고 달래주는 것이다. 남편은 화가 날 때 '타임아웃!'을 외치고 밖으로 나간다. 아이들은 화가 나면 이불을 뒤집어쓰고 소리를 내거나 각자의 피난처로 피하기도 한다. 각자의 특성 대로 1분 남짓한 시간을 홀로 보내고 다시 만난다. 남편은 원래 목소리가 크다. 감정이 격해지면 목소리가 더 커진다. 이에 맞춰서 나도 덩달아 목소리를 키우기 시작하면 아이들이 옆에서 질문한다.

"엄마, 아빠. 싸우는 거야? 응? 싸우지 마요."
"싸우는 건데 말로 싸우는 거야. 때리거나 무섭지 않게 말로 싸울 수도 있어. 생각이 다를 때는 엄마 아빠도 그럴 수 있거든. 싸우지 않고 대화로 할게. 잘못한 게 있으면 서로 사과도 하고 화해도 할게. 걱정해 줘서 고마워."

인생을 살아가면서 상대방과 의견이 맞지 않을 수 있다. 감정이 상할 수도 있고 목소리가 커질 수도 있다. 서로 더 큰 상처를 주지 않기 위해 1분의 시간이 필요한 것이다. 한 번 상한 마음을 회복시키는 것은 쉽지 않기 때문이다. 1분의 시간 투자로 앞으로 10년의 관계를 돈독히 유지할 수 있다. 감정의 소용돌이에서 잠깐 빠져나와 물을 한 잔 마셔도 좋다. 물을 따르고 천천히 마시고 마음을 진정시켜보라. 멍하니 먼 곳을 바라보며 생각을 비우는 것은 더 좋은 방법이다. 그러고 나서 대화를 시작한 목적이 무엇이었는지를 생각해보면 감정의 방향을 잃지 않을 것이다.

우리 아이들에게는 강력한 무기가 있다. 내가 상황을 떠났다가 다시 돌아오면 "엄마, 아까는 죄송했어요."라고 말한다. 부모라면 잘못을 뉘우치는 아이의 한 마디를 무시하지 못한다. 더 이상 화라는 감정을 드러낼 수도 없다. 자녀에 대한 기특함과 미안함 그리고 사랑이 남을 뿐이다. 나를 무력화시키는 무기를 미리 쥔 셈이다.

♥ 엄마, 보세요!

▶ 화를 조절하는 핵심 포인트는 '1분만 상황을 떠나 마음을 진정시키는 것'입니다. 이것은 아이와 엄마의 마음을 상처로부터 지켜내는 보안 장치나 다름없지요.

05 원칙을 만든 '육아 신념'을 되새겨라

"훌륭한 사람은 어린 시절의 마음을 잃지 않는 사람이다."

– 중국 속담

육아 원칙은 무조건 내 아이가 기준!

전혜성 박사의 '성공적인 자녀 교육법'이 미국 교육부가 인정하는 동양 가정으로 소개되었다. 자녀 6명 모두가 아이비리그인 하버드대학교와 예일대학교에 입학한 것이 이유였다. 나는 전혜성 박사의 자녀 교육 노하우에 깊은 감명을 받았다. 이후로도 박사님의 노하우는 자녀 교육의 방향성을 확신시켜주는 나침반이 되어주었다. '세상의 풍토가 아닌 아이의 속도에 맞춰야 한다'는 의견에 전적으로 동의했다.

엄마는 내 아이가 정상으로 발달하고 있는지 매우 민감하다. 특히 첫 아이라면 잘 자라고 있는 것을 확인하기 위해 기준 데이터를 참고해야 한다. 월령에 맞게 아이를 키우는 것이 일반적이고 안정적인 육아를 할 수 있기 때문이다. 하지만 상대적인 데이터가 개입되는 순간 '우리 아이가 혹 뒤처지지 않을까?' 걱정부터 앞선다.

내 아이를 보지 않고 다른 아이들을 보기 시작하면 생기는 불안인 것이다. 특별한 경우를 제외하고는 대부분 정상적인 발달 단계에 있다. 부모가 아이의 성장 속도가 정상인지 아닌지 정도만 파악하고 있으면 된다. 그 후에 할 일은 '잘 자라는 것'이라는 신념을 지켜내는 것이다.

나는 아이들과 엄마가 함께 성장하는 교육을 지향한다. 무엇보다 아이와 부모 모두 행복해지 것이 중요하다. 그러기 위해서는 엄마가 좋아하는 것을 찾는 것이 먼저이다. 엄마도 처음이기 때문에, 힘들고 어려운 일이 닥치면 아이들과 같이 의논하면서 해결책을 찾을 수 있어야 한다. 아이들의 일은 오히려 아이들이 잘 안다. 때로는 아이들에게 믿고 맡길 수 있어야 한다.

잘못된 원칙과 엉성한 신념에 휘둘리지 말자

자녀의 수가 감소하면서 한 아이를 키우는 것에 대한 엄마의 책임감이 더 커졌다. 아이의 실패는 곧 엄마의 실패가 된다. 하지만 어리기 때문에 실패도 하는 것이다. 실패의 경험을 통해 무언가를 반드시 가르쳐 줘야 한다. 엄마가 아이에게 실패의 가치를 깨닫게 해주면 된다.

스스로 해내도록 기다려주지 못하면 역으로 엄마가 더 힘들다. 아이의 삶 전체를 설계해주려는 조급한 엄마들을 만나면 안타깝다. 자녀를 바르게 키우고 싶은 마음은 어느 부모나 똑같다. 잘못된 원칙을 세우고 그 틀에 갇혀있으면 육아가 힘들다. 잘못된 육아 원칙과 신념은 엄마와 자녀 모두를 옥죈다. '원칙'은 어떤 행동이나 이론에서 일관되게 지켜야 하는 기본적인 규칙을 말한다.

일찍 자고 일찍 일어나는 것이 원칙인 집이 많다. 그런데 자녀가 둘 이상이 되면 일찍 자는 것에 변수가 생기기 시작한다. 아이가 느지막이 낮잠을 자면 아이는 저녁에 일찍 잘 수 없다. 이제 그것은 부모의 영역이 아니다. 그런데도 일찍 재우는 것이 원칙이니 지키려고 노력한다. 하지만 낮잠을 실컷 잔 아이가 저녁에 일찍 잘 리가 없다. 원칙을 지키지 못하는 상황에 짜증이 난다. 또 잠이 오지 않는데 자야 하는 아이도 고생이다.

가정 안에서 세워둔 원칙을 지키지 못하면 나쁜 습관이 든다고 생각한다. 일관성이 없는 엄마가 되는 것 같아서 죄책감까지 떠안는다. 나중에 단체 생활에 적응하려면 집에서부터 지켜야 한다는 말을 수도 없이 들었을 것이다.

원칙을 무조건 지키는 것이 유아일 때는 어느 정도 가능하다. 엄마가 주도하면 따라올 수밖에 없다. 그러나 오히려 아이가 초등학생이 되면 지키기 어렵다. 특히 맞벌이 가정일 경우에는 퇴근하면 저녁 시간이다. 식사 후 상을 치우고 학교에서 내주는 숙제를 같이 하다 보면 9시가 훌쩍 넘는다. 중학생이 되면 말할 것도 없다.

담대한 엄마인 경우에는 밀고 나가는 것이 가능하겠지만 그것도 고등학교 때까지이다. 우리나라 교육 시스템으로는 아직도 갈 길이 멀다. 나는 형편이 여의치 않아서 학원이란 걸 다녀본 적이 없다. 그런데도 친구들과 놀다가 집에서 숙제하고 예습, 복습까지 하면 10시는 기본으로 넘었다. 요즘 청소년들에게 진로 지도를 할 때는 하루 일과를 먼저 살펴보게 된다. 청소년들의 빡빡한 스케줄을 보면 기가 차다. 속이 상하다 못해 화가 난다. 부모도 아이도 어쩔 수 없다고 토로한다. 성적이 좋든 나쁘든 이렇게라도 하지 않으면 불안하다고들 말한다.

무엇이 그들을 불안하게 하는 것일까? 나는 어릴 때부터 잘못된 육아 원칙을 세우고 신념을 지키지 못하기 때문이라고 생각한다. 엄마 스스로 육아에 대해 신념을 가져야 한다. 신념은 굳게 믿는 마음이다. 그렇지 않으면 시시각각 변하는 교육 정보에 휩쓸릴 수밖에 없다.

나의 육아 원칙은 세 가지다.

첫째, 개인의 자유를 지켜주는 것.

둘째, 상대방을 존중해주는 자유를 누리는 것.

셋째, 결국 서로 사랑하는 것.

원칙보다 '원칙을 만든 신념'을 잊지 마라

나의 육아 원칙은 세 가지다. 첫째, 개인의 자유를 지켜주는 것. 둘째, 상대방을 존중해주는 자유를 누리는 것. 셋째, 결국 서로 사랑하는 것. 간단한 것처럼 보이지만 많은 결정 속에서 기준으로 삼을 수 있다. 아이들마다 기본 생활 습관을 들이도록 도와주기만 한다. 갈등 상황에 놓이게 되면 원칙에 따라 가장 최상의 선택을 하려고 노력한다.

원칙을 생각할 때 원칙을 만든 본질을 잊으면 안 된다. 사람은 환경에 지배를 받기도 하고 적응도 한다. 그래서 아이에게 잘못된 원칙을 심어주거나 강요해서는 안 된다. 입장을 바꿔 생각해보자. 어릴 때 나만의 자유를 얼마나 갈망했던가? 성인이 되면 제일 먼저 하고 싶었던 것은 다름 아닌 '오직 어리기 때문에 할 수 없었던 것들'이다.

육아 원칙은 '어떠한 상황 속에서도 적용하겠다'는 것이 아니다. 육아 원칙은 기준의 큰 틀로 생각하는 것이 좋다. 육아에 절대적인 원칙은 아이가 행복하고 건강하게 자라도록 잘 돌보는 것이다. 아이의 있는 그대로를 사랑하며 기본권을 지켜주고 엄마도 행복할 수 있는 원칙이어야 한다. 아이를 어떠한 상황 속에서도 위협으로부터 지켜내는 원칙을 가져야 하고 그것을 신념으로 지켜야 한다.

엄마의 육아 원칙은 어떤 것인가? 엄마인 나도 잘 지키는 것인가? 그

것이 가지고 있는 가치는 무엇인가?

"엄마가 너희에게 이렇게 할 수밖에 없는 건, 너희를 바르게 잘 키워야 할 책임이 있어서 그런 거야."라고 당당히 말할 수 있는 것이면 된다. 육아를 하면서 감정이 혼란스러우면 지키면 좋은 것과 지켜야 하는 것을 구분해보라. 이것으로도 반복되는 문제를 어느 정도 해결할 수 있다. 책은 읽으면 좋은 것이고, 밤에 시끄러운 소음을 내지 않는 것은 지켜야 하는 것이다. 일관성을 지켜야 하는 상황과 원칙을 착각하면 안 된다. 원칙은 하늘이 무너져도 지켜야 하는 근본적인 것이다. 예를 들어 "도둑질하지 말라. 다른 사람을 때리면 안 된다."와 같다. 지키지 않으면 다른 사람들에게 불편을 끼치는 것들이다.

나의 원칙으로 아이들이 불편해지고 나 역시 스트레스를 받는 것은 올바른 원칙이나 신념이 아닌 것이다.

"너 잘되라고 하는 소리야."

이 말의 본뜻에 솔직해지자. 진짜 자식 잘 되라고 하는 소리가 맞는가? 내가 그 덕을 보려고 하는 것은 아닌가? 혹 누군가에게 자녀로 인해 싫은 소리를 듣고 싶지 않은 것인가? 육아 신념과 원칙이라는 것은 어떠한 상황 속에서 아이에게 도움이 되어야 한다. 엄마의 선한 의도를 아이가 받아들일 수 있도록 본질적인 것으로 세워야 한다. 오늘 아이의 어떠한 행동 때문에 힘든 감정이 올라왔는가? 그럴 때면 나를 믿고 이 땅에 태어난 아이들을 위해 육아 신념과 원칙을 생각해라.

♥ 엄마, 보세요!

▶ 선장이 흔들리면 배가 흔들립니다. 배가 흔들려도 선장이 키를 잡고 굳건히 설 수 있으면 모두를 지킬 수 있지요. 육아의 항해를 하는 엄마도 마찬가지입니다. 신념과 원칙을 늘 생각하세요.

감정조절 육아 이야기
너무 엄격하면 역으로 표출된다

"아이들은 한 번 놓아주면 계속 그렇게 해요."

이런 말을 흔하게 듣는다. 집에 너무 엄격한 규칙이 있으면 그곳에서 해방되는 순간 억압되었던 행동들이 표출된다. 그리고 통제할 수 없을 정도로 혼란스럽게 표현된다. 그것이 만약 식욕처럼 기본적인 욕구일 때는 특히 조절을 할 수 없게 된다. 너무 많이 먹지 못하게 하거나, 과자나 아이스크림을 엄격하게 제한하는 등의 규칙이다.

06 엄마의 관점에만 매몰되지 마라

내가 가진 여러 역할들의 관점을 이용하라

"그때 엄마는 어떻게 이야기했어?"

"왜 그렇게 이야기 했을까?"

상담을 하다가 아이가 갑자기 울음을 터트렸다.

"엄마도 무서웠나봐요. 내가 다칠까 봐 걱정돼서 한 소리인데…. 저도 동생이 다치는 게 무서워서 마음이 쪼그라들 때가 있거든요. 그런데 저는 엄마가 잔소리 한다고만 생각했어요"

상담을 할 때 게슈탈트의 '빈 의자 기법'이 많이 사용된다. 내담자가 그 사람이 맞은편 의자에 앉아있다고 생각하면서 대화를 나눈다. 대화를 나누며 문제 탐색을 하면서 자신의 감정을 느낀다. 역할을 바꿔서 상대방의 생각과 감정을 느껴보기도 한다. 그때 비로소 드러나는 억압된 감정들이 있다.

나에게도 다양한 역할이 있다. 엄마이기도 하지만 선생님이기도 하고, 딸이기도 하고, 며느리이기도 하다. 그런데 유독 아이들과 관련된 상황에서는 엄마의 관점에서만 생각하게 된다. 나는 아이와 관련된 모든 사람의 입장과 아이의 입장을 생각해보기 시작했다.

시부모님은 우리 아이들과 함께 외식을 할 때면 밥을 코로 먹는 것 같다고 하신다. 그래서 집에서 그냥 먹자고 하실 때가 많았다. 시부모님은 외식 자체를 즐겨하시지 않았다. 충분히 이해할 수 있었다. 그런데 다만 동생들이 클 때까지 기다려야 하는 첫째 아이의 입장을 이해시켜 드렸다. 가족끼리 모이면 가끔 이벤트 삼아 외식을 하기로 했다. 아이들과 몇 번 먹다 보면 어느 정도 적응도 되고 익숙해지시리라 생각했다.

청소년들은 "동생들 때문에 못 해본 것이 많아요."라는 말을 한다. 그 말을 들었을 때 첫째가 가장 먼저 떠올랐다. 그리고 나의 어린 시절도 뒤이어 생각났다. 지금 할 수 있는 것들을 굳이 참을 이유가 없었다. 함께 할 수 있는 방법을 찾는 것으로 관점을 돌린 계기였다.

객관적으로 생각해보자. 집에서 먹으면 아이들이 마냥 얌전히 밥을 먹을까? 아니다. 집에서 먹으나 밖에서 먹으나 정신없는 것은 매한가지다. 아이들이 어리면 어디에서든지 손이 많이 가기 때문이다. 염려와 다르게 여러 시설들이 어린 아이들을 배려하는 방향으로 바뀌고 있다. 그리고 아이들을 가끔 다른 환경에 노출시키는 것도 괜찮다는 생각이 들었다. 집 밥과 비교도 해보고 아이들도 다양한 음식을 접하면서 새로운 문화를 배울 수 있었다.

관점은 '내가 바라보기로 한 방향'이다

원고를 쓰는데 명절이 겹쳐버렸다. 예상했던 것보다 초고 완성이 늦어진 것이다. 마음이 조급해지니 아이들이랑 같이 있는데도 온통 원고 생각뿐이었다. 메모라도 해두자는 심산으로 정신없이 펜으로 써 내려갔다. 5분이 지났나? 아이들이 같이 놀자고 아우성이었다. 갑자기 언짢은 감정이 몰려왔다. 그때 남편이 나를 쳐다보면서 "왜?"라고 물어봤다. 순간 머리를 스치는 생각이 있었다.

나는 아이들과 같이 성장하고 싶어서 공부를 놓지 않았던 것이었다.

일도 여유롭게 하기 위해 창업을 했다. 매번 더 나은 방법을 찾아 몰두했다. 아이들에게 집중할 수 있는 시간을 확보하기 위해서였다. 그런데 아이들과 함께하기 위해 확보해둔 시간에 '아이들 때문에 일을 못해서' 언짢게 느끼고 있었다. 상황에 목적이 매몰되어버리는 것이 아닌가? 같이 노는 시간에는 아이들에게 오롯이 집중하고 싶었다. 그것이 진짜 내가 원하는 삶이었다.

지금 이대로가 가장 행복하다. 어제도 내일도 아닌 '지금 이 순간'에 집중해야 행복한 감정도 만날 수 있는 것이다. 결국 나는 내가 원하는 곳에 있었다. 관점을 다르게 생각하면 얼마든지 행복할 수 있었던 것이다. 한 상에 앉아 투닥투닥 정신없이 밥 먹는 것이 소원인 사람도 있을 것이다. 관점은 내가 바라보기로 선택한 방향인 것이다.

역지사지로 헤아려 감정을 알아차려라

청소년 상담사들이 역할 상담을 위해 역할 연기를 하기도 한다. 주로 맡는 것은 부모나 선생님 역할이다. 빈 의자 기법으로 엄마들과 이야기를 나누면 3분도 안 되서 눈물바다가 된다. 역할극을 하면서 감정이 불쑥 찾아오니 눈물이 나지 않을 수가 없다.

엄마들은 엄마의 역할에만 갇혀있는 경우가 많아 다른 감정을 찾아볼 여유가 없다. 그것을 안 후에는 아이들의 관점을 헤아리기 시작한다. 선생님의 관점에서 내 아이와 부모를 바라볼 수도 있다. '역지사지'는 감정조절을 위한 사자성어라고 생각한다. 상대방의 감정을 알아차리지 못하면 관계는 이어질 수 없다. 반복되던 일도 역지사지의 관점에서 알아차려주면 한결 수월하게 감정을 조절할 수 있다.

"그래, 아버님 입장에서는 그럴 수 있겠다."
"맞아, 엄마가 생각을 해본 적이 없었어."
이렇게 말해보자. 어느새 이해하는 마음도 생기게 된다. 내가 아닌 다른 사람의 관점을 이해하면 감정조절이 시작되는 것이다.

관점을 다르게 생각하는 것은 다른 이의 마음을 더욱 살피고자 하는 관심의 표현이다. 역지사지의 마음을 엄마부터 연습해보라. 아이들은 엄마가 되어본 경험이 없지만 우리는 아이였을 때가 있었다. 왜 잊어버렸는가? 이제 엄마도 되었으니 우리를 키웠을 때 엄마의 마음을 헤아릴 수 있지 않은가? 시부모님의 입장과 친정 부모님의 마음도 한 번 헤아려보라. 엄마가 겪을 수 있는 미래의 역할이다.

관점을 바꿔 다르게 생각하는 것은 하나의 연습이다. 줄넘기를 할 때도 처음부터 잘하지는 못한다. 계속 연습하고 자세를 바꿔보며 뛰어넘을 수 있을 때까지 반복하는 것뿐이다. 육아 역시 처음부터 잘할 수 있는 영역이 아니다. 좋은 방향으로 자꾸 걸으려고 노력하고, 다양한 관점으로 생각해봐야 한다. 얼마 지나지 않아 포용력 있는 육아를 하고 있는 자신을 만날 수 있을 것이다.

♥ 엄마, 보세요!

▶ 관점 바꾸기는 엄마의 역할에만 집중해있는 시야를 확장해줍니다. 계속 연습해야 하는 끈기가 필요한 인생 공부나 다름없지요. 포기하지 마세요. 결국에는 이 연습이 모든 상황을 이길 거예요.

감정조절 육아 이야기
아이에게 품은 많은 기대도 관점을 바꾸면 해결된다

"아이가 친구들에게도 인기 있고 선생님에게도 칭찬받는 아이였으면 좋겠어요."

엄마는 아이의 이상적인 학교 생활을 원한다. 이럴 때는 관점을 바꿔서 생각하면 쉽다. 나는 친구들에게 인기가 있었는가? 공부를 잘했는가? 그러면 아이의 감정을 직접적, 간접적으로 헤아리기 쉬울 것이다.

다른 방법도 있다. 선생님에게 칭찬받아서 멋지다고 생각했던 학창 시절 내 친구들을 떠올려보라. 그들은 어떤 인성을 갖고 어떤 행동을 했는가? 관점을 바꾸어 살펴보라. 만약 내가 선생님이라면 어떤 아이들에게 칭찬을 하겠는가? 똑같을 수는 없어도 방향을 잡을 수는 있을 것이다.

07 자기 자신과 긍정적인 대화를 나눠라

"인생에 있어서 최고의 행복은 우리가 사랑받고 있다는 확신이다."
– 빅토르 위고

눈치 보지 말고 긍정의 말을 해라

얼마 전 올림픽 펜싱 경기에서 박상영 선수가 경기에 오르기 전 장면이 화제가 되었다. "할 수 있다. 할 수 있다."라는 희망의 주문을 연신 외친 것이다. 박상영 선수는 역전극을 펼치며 금메달을 땄고 국민들은 열광했다. 그 뒤로 이동국 선수의 아들 대박이도 방송에서 "할 뚜 있다!"를 외쳐 사람들에게 큰 호응을 얻었다. 이제는 긍정적인 자기 암시의 중요성을 많은 사람들이 알게 되었다.

나는 길을 가면서도 강의 연습을 하거나 나 자신과 긍정의 대화를 나눈다. 처음에는 혼자 이야기 한다고 해서 이상하게 쳐다보지 않을까 걱정했었다. 하지만 착각일 뿐이었다. 보통 사람은 다른 사람에게 관심 받기를 기대하고, 또 관심 받고 있다고 생각한다. 그래서 타인의 시선을 많이 인식하게 된다.

하지만 다른 사람들이 나를 볼 때 내 생각처럼 관심을 많이 갖지 않는다. 미국의 심리학자 토머스 길로비치의 실험이 이를 증명했다. 그는 한 학생에게 예전의 스타의 얼굴이 인쇄된 티셔츠를 입고 다른 실험 참가자들이 있는 방에 잠깐 앉아 있다 나오라고 했다. 그 학생은 자신의 나이에 맞지 않은 '옛날 가수' 옷을 입은 자신이 굉장히 눈에 띌 것이라고 생각했다. 하지만 그 방에 있던 실험 참가자들 중 학생이 입은 옷을 기억해낸 사람은 23%밖에 안됐다. 이렇게 실제보다 자신이 주목 받고 있다는 착각을 '조명효과'라고 부른다.

요새는 이어폰을 끼고 통화하는 사람이 많다. 자신이 중얼거려도 별 관심이 없다는 것을 알고 있는 것이다. 나는 타인의 시선에서 자유로워지기로 했다. 하고 싶은 것이 있으면 그냥 하고 본다. 단, 다른 사람에게 피해를 주지 않기 위해 선을 지킨다. 그 결과 나는 자신 있고 에너지 넘친다는 소리를 들을 수 있었다.

부정의 말은 넣어 두고 긍정의 말만 물려주자

아이들이 소꿉놀이를 하는 것을 오랜 세월 지켜보았다. 쉴 새 없이 상황을 전개하는 아이들을 보고 있으면 언어천재라는 생각이 자연스럽게 든다. 아이들은 역할이 정해지면 역할에 맞는 단어와 행동을 구사한다. 아이들은 어른들의 거울이라고 했던가? 대화의 내용을 보면 부모와 자녀의 관계, 부부의 관계, 고정관념들이 여과 없이 드러나곤 한다. 그래서 놀이를 통해서 아이들을 살펴볼 수 있다.

"우리 같이 여행갈까? 어디로 가는 게 좋겠어?"

"넌 어디로 가면 좋겠는데?"

"난 미국으로 갈 거야! 우리나라는 너~무 위험해. 아이들 데리고 다니기도 불편하고…."

나는 흥미진진하게 이어지는 대화에서 번뜩 생각이 들었다. '나 이 장면 어디서 봤는데? 자주 보던 드라마에서 선글라스 낀 어떤 여자가 이야기했었는데?'

아이들은 놀랍게도 어른들의 사고를 이해하고 심지어 흡수하고 있었다. 여행을 할 때 한 번쯤 이런 말을 해본 적이 있을 것이다. 미디어에서도 '헬 조선'이라든지 '대한민국에는 희망이 없다'는 이야기들이 넘쳐난다. 이런 상황에서 내가 우리 아이들에게 물려줄 수 있는 것이 대체 무엇일까? 나는 무엇을 아이들에게 가르칠 수 있을까? 깊은 고민을 할 수밖에 없었다.

좋은 엄마가 되는 것은 쉽지 않다. 그렇지만 올바른 생각을 할 수 있도록 도와줄 수는 있었다. 나는 지금 내가 할 수 있는 것을 하기로 했다. 내가 어떻게 행복한 감정을 유지하고 있는지를 먼저 살펴보았다. 거울을 보고 "잘했어. 현정아 넌 멋진 엄마야. 할 수 있어. 역시 대단하군요!!" 외쳐댔다. 작은딸이 화장실 문을 벌컥 열고 들어왔다.

"엄마, 누구랑 이야기해?"
"엄마가 엄마한테 이야기 하고 있었어."
"아~ 난 또 누구랑 전화통화 하는 줄 알았지."

화장실에서 머리를 말리며 스스로에게 격려하는 시간을 갖곤 한다. 누구나 눈에 보이지 않는 '친구' 한 명쯤은 키우고 있지 않은가? 나는 아이들 앞에서 아무렇지 않게 내 이름을 부르고 대화를 나눈다. 주로 피곤함을 느끼는 순간이거나 일이 잘 풀리지 않을 때 입버릇처럼 외쳤다. 그랬더니 내가 외치면 아이들이 메아리처럼 따라 외치는 것이 아닌가?

"할 수 있어. 지금껏 잘 해왔잖아. 아자아자! 파이팅!"

아이들은 어른들의 거울이라고 했던가?
대화의 내용을 보면 부모와 자녀의 관계, 부부의 관계,
고정관념들이 여과 없이 드러나곤 한다

"아자아자! 힘내. 엄마는 할 수 있다!"

뭉클한 순간이었다. 나 다음으로 나를 위로해주는 것은 언제나 아이들이었다. 나보다 더 멋진 생각주머니를 갖고 있는 아이들이었다.

육아에 어려움을 겪고 있다는 생각은 절망감에서부터 시작한다. 절망감은 '나는 할 수 없어.'라고 포기하는 순간 느끼는 감정이다. 육아 우울증은 불가능을 인지하는 순간에 나타난다. 부정적인 느낌은 자신과의 대화에서 찾아낼 수 있다.

'내가 그렇지 뭐.'
'나는 여기가 한계야.'
'멍청이 같이 이런 것도 못하고.'
혼자서 생각하거나 내뱉지는 않았는가?

나는 결혼 전 처음으로 필름이 끊기도록 술을 마신 적이 있다. 남편과 믿을 수 있는 사이가 되니 나도 모르게 취한 것이다. 다음날 남편이 나에게 내가 욕을 그렇게 하면서 못되게 굴었다고 했다. "뭐라고 하던데?" 들어보니 내가 자라면서 아빠한테 들었던 거친 욕들이었다. 가슴이 철렁했다. 남편은 나를 이해해주었지만 나는 정신이 번쩍 들었다.

혹시 나의 부모에게서 물려받은 부정의 언어를 나에게 하고 있지는 않은가? 나도 아프게 받았으면서, 아이들에게 똑같이 대물림하고 있지 않은가?

내 안에 건강한 관찰자가 있다

내 안에 모든 답을 알고 있는 관찰자가 있다. 나를 가장 잘 알고 이해하는 건강한 자아이다. 나의 마음 깊은 곳까지 헤아릴 수 있는 자아는 누구에게나 있다. 스스로 부정적인 말을 쏟아내는 상처받은 나와 오늘부터 새로운 대화를 나눠보자.

"나는 안 돼. 앞으로도 그럴 거야."라는 말이 나오면 그 말부터 부정해보라. "아니야. 내가 잘하고 있는 것도 많아." 그리고 나 자신을 천천히 일으켜 세워라. "어떻게 사람이 다 완벽하겠어?" 인정하고 달래서 긍정의 언어로 나를 무장시키면 된다. 현실적인 내용으로 짧게 말해도 좋다. "아이들은 나 때문에 상처 받았어." "괜찮아. 누구나 실수는 할 수 있어. 사과하고 다시 잘해보자."라고 자신을 용서하고 기회를 줘야 한다.

아이들은 엄마의 변화를 감지하고 제일 먼저 지지해줄 것이다. 내가 힘들어서 좌절할 때 아이들이 먼저 응원해줄 때도 있다. 감정과 생각은 아주 친밀한 사이이다. 생각에 따라 감정이 변하기도 하고 반대인 경우도 있다. 긍정적인 생각을 계속하면 긍정적인 감정을 느끼기 마련이다. 물론 그에 따른 결과도 따라오게 된다. 내가 좋은 감정을 느끼고 있으면, 육아 자신감은 자연스럽게 생기는 것이다. 세상에서 나를 가장 잘 알고 믿어줄 수 있는 사람은 바로 나, 자신 밖에 없다는 것을 깨닫기 바란다.

♥ 엄마, 보세요!

▶ 마음이 통하는 사람과 대화를 나누고 나면 후련함을 느끼지 않나요? 나와의 대화에서도 얼마든지 그럴 수 있습니다. 오늘부터 자기 자신과 긍정적인 대화를 나눠보세요.

감정조절 트레이닝도 필요하다

나는 100일 동안 15kg를 감량해서 많은 사람들을 깜짝 놀라게 했다. 엄마들의 부러움을 샀다. 혼자만의 노력이 아니라 많은 사람들이 도와줬기에 가능한 일이었다.

나에게 매일 메시지로 조언을 해줬던 김민태 퍼스널 트레이너는 스트레스 해소법을 100가지 정도 적어두라고 했다. 그 날의 컨디션에 따라 운동량을 조절하고 스트레스도 조절할 수 있도록 이끌어줬다.

메시지로만 코칭을 해줬는데 충분히 감량할 수 있었다. 그래서 전문가의 도움을 받아야 하는 것이다. 감정 역시 서투르다면 전문가의 도움을 받는 것이 좋다. 감정도 스트레스를 조절하는 것처럼 조절할 수 있어야 한다.

EMOTION CONTROL PARENTING

5장

행복한 아이를 만드는 감정조절 육아법

"세상 사람들에게 당신은 한 사람일지 모르지만
한 사람에게 당신은 세상 전체일 수도 있다."
— 폴레트 미첼

01 행복한 엄마가 행복한 아이로 키운다

"사람은 함께 웃을 때 서로 가까워지며 행복을 느낀다."
– 레오 버스카글리아

엄마의 감정을 배우고 엄마의 말대로 큰다

"어머니, 아이들이 참 밝네요. 어머님을 닮았나 봐요."

교회 유아부 선생님께서 아이들을 칭찬해주셨다. 아이에 대한 칭찬은 나의 기쁨이다. 이 감정은 내가 엄마라는 증거였다. 어린 시절 몇 달에 한 번씩 만났던 엄마는 밝은 표정이었다. 엄마는 천성적으로 아이와 사람을 좋아하는 사람이었다. 사람이 좋아서 때로는 객관성을 잃고 여러 위험에 자주 노출되기도 했다. 그래도 나와 동생에 대한 엄마의 무조건적인 믿음이 내 마음을 지켜줬다. 엄마는 일찍 결혼하여 두 번의 이혼, 남편의 사고, 여러 가지 사업 실패, 여러 가지 사건 사고를 일으키며 뇌출혈에 이르는 지독히도 매서운 삶 속에서 악착같이 버텨냈다. 새 아빠 역시 힘겨운 상황에서도 친구들과 지내시면서 외로움을 이겨냈다.

엄마는 내가 어떤 일을 겪고 속상하다는 소리를 해도 "우리 딸 잘하잖아."라고 의심 없이 믿어줬다. 늘 사랑해줬고 잔소리 한 번 한 적 없었다. 그때는 나에 대한 무관심이라고 생각했다. 하지만 엄마가 되어보니 알 것 같았다. 그 말은 나를 절대적으로 믿고 있다는 말이었다. 무엇보다 "너희 때문에~"라는 말은 절대 하지 않았다. 엄마에게까지 그 말을 들었으면 나는 살아있지 못했을 것이다.

나는 엄마, 아빠를 닮아갔다. 나의 학창 시절 생활기록부에는 '성격이 밝고 명랑하다. 쾌활하며 긍정적이다. 매사에 적극적이다.'라는 말이 빠진 적이 없다. 초등학교 때부터 선생님들이 내 성격의 증인인 셈이다. 나와 엄마의 공통점은 긍정적인 성격과 요리 솜씨, 아이를 좋아하는 것이었다.

아이를 보면 좋아서 하는 말이나 감정의 변화를 겪을 때 모습이 똑 닮았다. 이런 점들은 내가 여러 가지 역할을 하는 데 중요한 밑거름이 되었다. 때로는 아예 반대의 성격이 나오기도 했다. 엄마는 현실을 회피하는 성향이 있었다. 철이 들지 않은 엄마 밑에서는 철 든 딸이 나올 수밖에 없다. 엄마는 나에게 날카롭고 예민하다는 말을 종종했다. 성인이 되고 엄마와 5년 정도 같이 살아보니 정말로 반대의 면이 많았다. 내가 엄마가 되면서, 예전에 납득할 수 없었던 내 엄마의 행동들을 떠올렸다. 그런 행동을 우리 아이들에게는 하지 않으려고 더욱 신경을 썼다.

아이들은 내가 표현하는 그대로 표현했다. 말투도 표정도 같았다. 어느새 나를 닮아가고 있었다. 표현할 때 쓰는 단어도 흡사하다. 특히 아이들끼리 역할 놀이를 할 때는 아이들이 나의 '미니미'라는 생각이 절로 든다. 어른이 되어서 엄마를 겪어보니 깨달을 수 있었다. 어렸을 때는 엄마와 함께 살지 않는 것이 마냥 서운하고 싫었는데, 오히려 함께 살지 않았기 때문에 내 본연의 모습을 갖출 수 있었다. 되돌아보면 나를 찾는 것에 집중할 수 있는 삶이었다.

유아기 때 함께 지낸 삼촌과 이모들의 조카 사랑이 내 자존감에 지대한 영향을 끼쳤다. 둘째 이모의 다정함과 자신에 대한 믿음을 배웠다. 막내 이모의 당당함과 도전 정신을 배웠다. 나를 딸처럼 아끼는 둘째 삼촌에게서는 무조건적인 사랑을 배웠다. 지금도 외가에 가면 내가 좋아하는 것을 여기저기서 공수해 한 상 너끈하게 차려주신다.

나는 많은 관계 속에서 다양한 감정을 배우면서 자랐다. 대가족에서 자란 아이가 가족에게서 다양한 모습을 배우며 성장할 수 있다는 것을 안다. 그러나 지금은 핵가족인 경우가 대부분이다. 그러므로 아이의 감정에 가장 큰 영향을 끼치는 사람이 엄마일 수밖에 없다.

아이들의 말은 엄마의 말을 비추어 보여준다

아이들을 상대로 안전 교육을 하다 보면 아이들의 말 하나하나에서 부모의 양육 태도가 보인다. 아이들은 엄마의 감정 언어를 통해서 불안을 전해 받는다. 위험에 어떻게 대처하는지도 직·간접적으로 배운다. 부모의 언어와 양육 방식이 아이들을 통해서 자연스럽게 드러나는 것이다.

"엘리베이터에서 움직이지 마. 떨어질까 봐 무섭단 말이야."

VS

"엘리베이터에는 안전장치가 잘 되어있어서,

혹시 멈추더라도 당황하지 말고 노란색 버튼을 누르면 돼."

"강아지는 위험해. 함부로 가까이 가지마."

VS

"강아지들이 귀엽지? 목줄을 하고 있으니 무서워하지 않아도 돼.

천천히 인사해보자."

"나는 새가 정말 싫어. 더럽잖아. 특히 비둘기는 없어졌으면 좋겠어."

VS

"귀여운 하얀색 비둘기네. 부리가 예쁘지?"

아이들의 말은 각양각색 다양한 감정들을 표현하는 창구이다. 아이들이 하는 이야기를 잠시만 가만히 들여다보면 엄마의 감정을 고스란히 느낄 수 있을 것이다.

둘째 서연이는 완벽을 추구하는 깔끔한 성격이다. 원래 나도 깔끔하고 완벽하지 않으면 불안해하는 성격이었다. 둘째가 15개월이 막 지날 무렵, 그제야 전반적인 집안일로 눈을 돌릴 수 있게 되었다. 청소와 집안일에도 신경을 많이 썼다. 잠시도 가만히 있지 않았고 지저분하면 바로바로 치워야 했다. 나도 모르게 결벽증이던 새 아빠의 감정을 받은 것이다. 그러자 머지 않아 둘째가 머리카락을 유독 싫어하기 싫어했다. "머리카락!"이라고 외치며 빨리 치우라고 말했다. 표정에는 여지없이 불쾌함이 드러났다. 내가 아이에게 깨끗하지 않으면 불안한 감정을 전한 것이다. 그래서 둘째 아이는 이사를 하고 난 뒤 며칠 동안 집안이 정리되지 않자 입술을 빠는 행동으로 불안감에 대처했다.

이후 나는 완벽함과 깔끔함을 과감히 내려놓았다. 결단하지 않으면 모든 것을 소화할 수가 없다. 나부터 내 감정을 이겨내야 했다. 우리 아이들은 나의 감정들을 고스란히 배우고 있었다.

아이의 감정은 엄마의 감정에서 영양분을 얻어 가지를 뻗기 시작한다. 엄마의 감정을 근원삼아 배우는 것이다. 엄마가 아이를 바라보는 표정에서 아이가 느끼는 감정이 무엇일까? 엄마가 품고 있는 마음 그대로일 것이다.

엄마가 감정을 직접 가르치는 것은 한계가 있다. 감정은 오랜 시간 부모의 관계 속에서 자연스럽게 스며드는 것이다. 어른이 돼서 고치려고 해도 쉽게 고칠 수 없는 것이 감정이다. 그래서 감정조절이 중요할 수밖에 없다. 엄마가 세상을 바라보는 감정, 사람을 대할 때의 감정, 아이에 대한 감정을 아이가 자신만의 시선으로 배우고 있음을 항상 기억하기 바란다.

♥ 엄마, 보세요!

▶ 아이는 엄마에게 감정을 배우고 다양한 모습으로 표현하는 엄마의 제자입니다. 우리 아이를 어떤 제자로 키우고 있나요? 아이가 엄마의 감정을 배운다는 사실을 염두에 두시길 바랍니다.

다른 엄마들을 상담하고 코칭하면서 나의 감정들을 계속 만나고 수정을 거듭해야 했다. 안전교육, 폭력 예방 교육 등을 하면서 아이들에게 심겨진 부모의 감정들을 바르게 정립해야 했다. 어른보다 오히려 아이들이 재난 상황을 정확하게 파악한다. 어른처럼 잘못된 고정관념들이 생기지 않기 때문이다.

성교육을 할 때, 아이들이 성에 대해 어떻게 생각하는지 표정에서 숨김없이 드러났다. 감정표현을 할 때 성과 관련해서 파생된 단어가 많다. '흥분', '쾌감', '부끄러움' 등의 단어를 듣고 어떠한 장면이 떠올랐는가? 우리나라 성교육은 어른부터 다시 배우는 것이 아이들을 교육하는 것보다 빠르다고 생각한다. 가정에서 은연 중에 일어나는 감정습관이 아이들에게 지대한 영향을 미친다는 것을 인지해야 한다.

02 당당한 엄마가 아이의 자존감을 높인다

> "자녀교육의 핵심은 지식을 넓히는 것이 아니라
> 자존감을 높이는 데 있다."
> – 레프 톨스토이

자존감은 내가 나를 이끌어가는 힘이다

한 여성 기업 대표님의 강연을 들었다. 문득 옛 일기장을 읽었는데, 일기에 사람들이 자기에게 "너무 나댄다."라고 말해서 상처를 받았다고 써있었다. 그런데 눈에 확 들어오는 문장이 있었다고 한다. 일기 속의 자신은 그때 왜 그렇게 나댔는지 후회하는 것이 아니라 그때 조금 더 나대지 못한 것이 아쉽다고 말하고 있었다는 것이다. 사람들은 '한 것' 보다 '못 한 것'에 더 후회한다.

하지만 나도 그동안 여성으로서, 엄마로서, 딸로서 하고 싶었지만 하지 않았던 말이 많다. 시간이 지나면 알아줄 것이라고, 언젠가 알아차려줄 것이라고 바랐다. 그래서 아이들에게도 "웬만하면 나서지 마!"라고 말한다. 사실 아이들에게는 자기 의견을 피력할 기회가 많지 않다. 자신의 생각이 어떤 가치를 갖고 있는지 알지 못하게 된다. 감정에 있어서도 부모에게 주도권을 빼앗긴 아이들이 많다. 아이들의 자존감이 형성될 기회 역시 잃어버리는 것이다.

'자존심이 상했다.'라는 감정은 내가 스스로 자신의 품위를 지키지 못할 때 느끼는 감정이다. '자존심'은 '스스로를 존경하는 마음'이기 때문이다. 다른 사람 때문이 아니라 나의 내면으로부터만 느낄 수 있는 주도적인 감정인 것이다. 자존감은 내가 감정조절을 할 수 있으면 향상될 수밖에 없는 '나만의 권리'이다. 자존감과 자신감은 함께 하는 감정이다. 내가 나를 이끌어 갈 수 있는 힘! 그것을 가능하게 하는 것이 감정조절이다.

엄마의 자존감과 육아 자신감, 아이의 자존감은 연결되어 있다

자신에 대한 자아존중감자존감이 낮은 엄마는 육아 자신감도 낮다. 자신감이 '할 수 있다'는 느낌을 말하는 것이라고 착각하고는 한다. 하지만 어학사전에서 말하는 자신감은 '자신이 있다는 느낌', 쉽게 말하면 스스로를 '있다'고 생각하는 마음이다. 존재에 의의를 두는 감정이다. 나라는 존재에 대해 인식하고 '존재하고 있는 나를 중요하게 생각하는 느낌'인 것이다. 내가 이 세상에 존재하고 있는 것 자체가 '자신감 있다.'는 말의 뜻인 셈이다.

감정마스터인 나는 '육아 자신감'을 '육아를 하면서 자신이 존재하고 있다는 감정을 느끼는 것'으로 정리했다. 육아를 하다 보면 '엄마'만 남고 '나'라는 존재를 잊기 마련이다. 나를 잊었기 때문에 이겨낼 힘이 없어진다. 쉽게 지친다. 육아를 하면서도 나를 잊지 않으면 육아 자신감이 생긴다. 이러한 자신감은 곧 자존감이 된다.

자존감은 '자신이 사랑받을 만한 가치가 있는 소중한 존재'라고 생각하는 마음이다. 또 '어떤 결과를 이끌어낼 만한 유능한 사람'이라고 자신을 믿는 감정이다. 자존감은 '있는 그대로의 모습에 대한 긍정'을 뜻한다.

아이들의 자존감에 영향을 미치는 사람이 많다. 관심이라는 포장으로 무심코 건네는 한 마디에도 아이들은 심각하게 고민한다. 당연히 옳은 것, 좋은 것이라고 생각하고 내뱉는 말이 아이들에게는 상처가 되기도 한다. 육아를 하다 보니 나를 닮아가는 아이들의 모습 속에서 내 모습을 종종 발견한다. 내 마음과 같은 모습을 보이기 때문에 더 아이들이 다칠 것이 염려됐다. 그래서 자존감을 가지라고 닦달하기도 했다.

그러나 자존감이란 자연스럽게 겪어봐야 알 수 있는 아이의 몫이었다. 앞장서서 자존감을 외쳤던 것은 결국 아이들을 위한 마음이 아니라 엄마 없이 고생한 나를 위한 행동이었다. 무엇이든 잘 해내고 잘 키우고 있다는 소리가 듣고 싶은 보상 심리였다. 결국 나 편하자고 했던 이기적인 행동에 불과했다. 나도 모르게 자존감이 바닥을 치고 있었던 것이다.

엄마가 자신감에 차있고 자존감이 높다면, 그 아이는 어떻겠는가? 엄마는 아이를 보고 자란다. 당연히 아이도 '자신감에 차있고 자존감이 높은' 엄마를 따라하게 된다. 자연스럽게 닮아가게 된다. 엄마가 자신을 잊지 않으면 아이 역시 자신에게 집중할 수 있다.

부모의 진심어린 사과와 칭찬이 아이의 자존감을 만든다

"아빠가 미안해. 아까 크게 소리치고 못되게 말해서 속상했지? 아빠도 고칠게."

"아빠, 저도 잘못했어요. 앞으로 사이좋게 지내요."

부모가 아이에게 사과하는 것이 권위를 떨어뜨린다고 생각하는가? 진심으로 하는 사과는 상대방의 상한 감정을 치유하는 힘이 있다. 진심어린 사과의 한 마디는 불만 고객을 충성 고객으로 바꾸기도 한다.

이미 일어난 일을 처음과 같이 되돌릴 수는 없지만, 나은 방향으로 전환할 수 있다.

부모의 의미 있는 사과 한 마디가 아이의 자존감에 미치는 영향력은 상당하다. 자존감이 언제 가장 높아지는가? 열등한 자신의 모습을 극복했을 때 높아진다. 이루지 못할 것이라고 생각했던 것을 해냈을 때 급격히 높아진다. 아이의 입장에서 부모는 높은 산과도 같다. 무엇이든 알고 있는 사람이다. 그런 상대에게서 듣는 진정한 사과의 말과 인정의 말은 아이의 자존감을 높여준다.

감정에서 자존감을 표현하는 단어의 예는 다음과 같다.

'뿌듯한, 감사한, 고마운, 든든한, 만족스러운, 벅찬, 반가운, 살맛 나는, 통쾌한…'

"아들 덕분에 엄마가 뿌듯하다. 딸 정말 고맙다. 든든하다. 살맛 나네. 엄마가 다 통쾌하더라. 너 덕분에 뿌듯했어. 편안해. 상냥하구나. 친절하다. 흡족한 기분이 들었어."

칭찬을 할 때도 제대로 해야 한다. 감정의 주체는 내가 아니라 아이가 돼야 한다. 엄마가 감정조절에 자신감을 갖기 시작하면 행동에 변화가 생기기 시작한다. 어떠한 상황에서도 감정조절의 끈을 놓지 않기 때문이다. 아이 역시 감정조절을 통해서 자신의 삶을 개척해나갈 수 있다. 잊지 말자. 아이의 자존감은 엄마의 감정조절 육아로 시작된다는 것을.

♥ 엄마, 보세요!

▶ 아이의 감정을 솔직히 표현했을 때 엄마가 감당해주면, 아이는 '내가 아무리 부족해도 우리 엄마만큼은 나를 인정해주는구나.' 하고 생각합니다. 자존감은 저절로 올라갑니다. 아이의 자존감을 지켜주는 '감정조절'은 누구나 시작하기로 마음먹으면 할 수 있습니다.

"엄마, 우리가 있잖아요. 힘내요."

이 한 마디가 설거지를 하다 냉장고에 기대어있는 나를 일으켜 세운
다. 엄마가 아이들의 말에 커다란 힘을 받는 것처럼, 아이들도 엄마의
말에 큰 힘을 얻는다.

"엄마는 너희들이 있어서 살맛이 난다!"

서로의 자존감을 높여주려면 한 마디만 나누어도 된다. 이 세상에 나
를 존재하게 해준 사람에게 인정을 받는데 무엇이 두렵겠는가? 학교나
다른 곳에서 나를 인정받으려면 무언가를 보여주고 노력해야 한다. 하
지만 우리 집에서는 있는 그대로를 인정해준다!

감정조절이 가능하면 아이의 잘못된 행동에 대한 마음도 제대로 전달
할 수 있다. 엄마는 아이의 자존감을 해치지 않을 수 있다. 오히려 자존
감을 향상시키는 말을 할 수 있다. 내 아이가 귀한 것을 알아야 다른 아
이 귀한 줄도 안다. 엄마의 감정조절 육아는 엄마와 가족 모두를 행복
하게 하는 초석이 될 수 있다.

03 기다림이 아이의 회복탄력성을 단련시킨다

"자녀에게 줄 수 있는 최선의 유산은
혼자 힘으로 제 길을 갈 수 있도록 해주는 것이다."
– 던컨

상상을 초월하는 아이들의 감정 회복 시간

"너랑 안 놀아. 나한테 말 걸지 마!"

문을 쾅! 닫고 첫째가 방으로 들어갔다. 둘째는 아랑곳 하지 않고 따라 들어가서 언니를 쳐다보며 말했다. "언니 미안해. 나랑 같이 놀자." 둘은 1분도 되지 않아서 화해를 하고 나왔다.

상황을 가만히 바라보던 나는 '참 쉽다.'라고 생각했다. 아이들의 감정 회복 시간은 상상초월이다. 매일 눈으로 직접 확인한다. 신혼 때도 남편과 감정 싸움을 하고 나면 길게는 이틀까지 끌었다. 둘 모두 감정에 솔직해지자고 결심한 후에는 10분으로 줄었다. 1분도 안 걸리는 아이들 수준까지 따라가려면 아직 멀었다.

어른에게 '1분'은 불가능하다. 아이들이 1분 만에 감정을 털고 화해할 수 있는 이유는, 태어날 때부터 감정 천재이기 때문이다. 그러나 점점 부모의 감정 기준에 아이들이 맞춰진다. 그래서 아이들의 감정 회복 능력이 점점 퇴화되고, 싸움 지속 시간도 길어지는 것이다.

100번 넘어져도 100번 일어서는 회복탄력성의 힘

'회복탄력성'은 고난과 역경 속에서도 다시 일어설 수 있는 마음의 근력을 말한다. '100번 넘어지면 100번 일어설 수 있는 힘'이 회복탄력성이다. 그 중 한 번만 일어나지 못해도 인생은 절망적으로 변한다.

초등학교 6학년 때 처음 따돌림을 당했다. 잘 삐지고 자존심이 세다는 이유였다. 살기 위해 죽을 힘을 다해야 했던 집에서 발달한 생존 욕구는 나를 모든 것에 치열한 아이로 만들었다. 승부욕이 강해서 운동도 공부도 지고 싶지 않았다. 그래서 마음대로 안 되면 토라지고는 했다. 물리적인 폭력은 없었다. 기 싸움 같은 따돌림이었다. 기간도 그리 길지는 않았다. 하지만 당시 나는 너무 힘들었다. 죽고 싶어서 옷장에서 넥타이로 목을 몇 번이나 맸다. 밤마다 울어서 눈은 항상 빨갛게 부어 있었다. 아무한테도 말하지 못했고 독하게 혼자서 이겨냈다.

천만 다행으로 나에게는 책이 있었다. 위인전을 읽고 또 읽으면서 마음을 붙잡았다. 위인들의 삶은 실패나 고난이 짝꿍처럼 따라 다녔다. 고난을 이겨낸 후에는 반드시 좋은 일이 찾아왔다. 나는 그것을 간절히 믿었다. 위인들이 내 친구가 되어주었다. 공부도 더 열심히 했다. 나의 편으로 만들기 위해서 아이들에게 한 명씩 다가가 사과도 했다. 전략을 세워 설득하기도 했다. 얼마가지 않아 따돌림은 끝났고, 나를 따돌린 그 친구와 멋있게 화해도 했다.

그때는 정말 죽고 싶었지만 결과적으로 나는 잘 견뎌냈다. 그래서 이른 나이에 감정에 대해 많은 것을 배우게 되었다. 나의 감정들은 더욱 발달할 수밖에 없었다.

감정조절은 회복탄력성을 향상시키는 마법이다

감정은 회복탄력성의 처음과 끝이라고 할 수 있다. 낙담하고 실패하는 감정을 일으켜 세우는 것 또한 감정이다. 고통스럽고 힘들 때 부정적인 감정들을 희망찬 감정으로 조절해야 한다. 그래야 '회복할 수 있다'는 마음이 생기기 때문이다. 위기가 올 때 마다 긍정적인 감정을 끌어올릴 수 있는 나만의 방법을 찾으면, 회복탄력성을 높일 수 있는 준비가 된 것이다. 긍정적인 언어로 감정을 조절하기 시작하면 회복탄력성은 놀랍게 향상된다.

혼자 잘 겪어낸 일들도 엄마가 되어 아이와 함께 겪으니 다른 감정이 들었다. 처음 겪어보는 감정이 나를 지배했다. 이렇게 고민이 많았던 내가 아니었다. 원래 잘 알고 있던 것도 당황하면 잊어버리기 마련이다. 상황이 아예 달라졌다. 나는 엄마로서 책임져야 할 대상이 생겼다. 아이 역시 세상에 태어나서 해본 것이 하나도 없다. 사실 밥 잘 먹고 잘 자주는 것만으로도 기적이라고 생각해야 한다. 배운 적도 없는데 그 어려운 걸 잘해내고 있지 않은가? 아이들이 성장하면서 겪는 모든 것들을 있는 그대로 인정해줄 수 있어야 한다. 엄마도 마찬가지다. 처음 겪어봤으니 실패하는 것이 당연하고, 아직 서투르니까 또 실패하는 게 당연한 것이다.

도전할 수 있는 발판, 쉴 수 있는 안식처가 되어라

간혹 아이가 넘어지면 빛보다 빠르게 달려가 일으켜 세우는 부모들이 있다. 넘어지면 혼자 일어나는 법을 배우는 기회라고 생각하고 조금만 기다려주자. 넘어질 때마다 일으켜줄 수 없으니 혼자서 일어나도록 격려해주고 스스로 일어났을 때 격려해줘라.

"네가 넘어져서 엄마도 속상했어. 그렇지만 성장하는 너를 보니 기특하고 든든하다."

무관심이 아니라 잘할 것을 믿고 있음을 알려줘라. 나무를 보는 것이 아니라 숲을 볼 수 있는 시야가 필요하다. 이는 회복탄력성을 높이는 방법 중에 하나다. 다시 도전하는 마음이 생기도록 다독이는 것도 중요하지만 여유를 가지는 것도 중요하다. 넘어졌을 때 다시 일어나는 시간이 조금 걸리더라도 급하게 닦달해서는 안 된다.

"그동안 잘해왔으니까 괜찮아. 조바심치지 않아도 돼."

인정해주고, 솟아나는 부정적인 감정들을 읽어주도록 하자. 아이에게 다시 일어설 수 있는 안식처가 될 수 있는 것에 감사해야 한다.

때로는 감정의 여유도 필요하다. 모든 상황에 감정을 다 느끼지 않아도 된다. 마음과 감정을 비워내면서 감정의 여유를 찾아야 할 때가 온다. 고무줄 놀이를 할 때도 줄이 너무 탱탱하면 끊어지는 것처럼 감정에도 여유의 공간이 필요하다. 회복할 수 있는 기회를 놓쳤다면 그 또한 인내하면서 기다려주자. 감정을 조절하지 않고 급하게 서두르면 회복탄력성이 생기지 않는다. 쌓아놓은 경험까지 잃게 된다. 감정조절은 회복탄력성을 성장시키는 조력자인 것을 잊지 말아야 한다.

♥ 엄마, 보세요!

▶ 아이의 감정에 엄마가 자꾸 개입하면 회복탄력성의 끈이 탄탄해지지 않습니다. 있는 그대로의 감정을 충분히 느껴보도록 기다려주세요. 그렇지 않으면 똑같은 상황을 만날 때 더 크게 감정 변화를 겪게 됩니다. 감정조절이 아이의 회복탄력성을 만듭니다.

04 아이는 엄마의 긍정적인 믿음대로 자란다

"사람을 존경하라. 그러면 그는 더 많은 일을 해낼 것이다."
– 제임스 오웰

아이는 무심코 던진 엄마의 말에 반응하며 자란다

"나중에 너랑 똑 닮은 딸 낳아서 키워봐! 그래야 엄마 마음 알지."

이 말을 어디선가 들어봤을 것이다. 엄마의 엄마에게서도 들었고, TV나 영화에서도 한 번쯤은 꼭 나오는 대사이다. 딸은 시간이 흘러 엄마가 되면 이 말의 뜻이 무엇인지 사무치게 느끼면서 후회하고는 한다. 어느새 딸들에게 이런 말을 하려는 나를 발견했다. 조금 다르게 표현했지만 비슷한 감정으로 한 이야기였다.

"너희도 엄마가 되면 무슨 말인지 알아."

여러 가지 상황이나 감정을 말로 설명하자니 복잡했다. 알아듣지 못할 것이라고 생각하고 아이를 무시했다. 관점을 바꿔서 천천히 이해시키면 됐을 텐데, 내가 귀찮았던 것이다.

귀찮은 감정은 친한 사이나 친하지 않은 사이, 양쪽의 극단적인 관계에서 일어나는 감정이다. 하지만 대부분의 사람들은 중요한 상황이나 소중한 사람에게는 느끼지 않을 것이라고 착각한다. 감정조절 코칭을 할 때, 이 이야기를 들은 엄마들은 반성 모드로 변한다. 부정적인 감정 언어를 자녀에게 제일 많이 사용했음을 깨닫는다. 가장 소중하다고 여기는 대상을 가장 편하게 생각하고는 한다.

엄마가 아이에 대해서 품고 있는 믿음은 언어적, 비언어적 요소로 표현된다. 아이가 믿음대로 자란다는 것을 알지 못하면 감정의 경계도 세울 수 없다. 생각나는 대로 다 말해버리고, 하고 싶은 대로 키우게 된다. 아직 정서적 독립을 할 수 없는 어린 아이들은 엄마의 바람대로 자신을 믿는다. 믿음을 양식으로 삼아 성장한다. 말 그대로 '믿음이 현실이 되는' 것이다.

우리 아이는 '잘될 것'이라고 믿어라

초보 엄마였던 나는 육아에 대해서 누군가가 조언을 하면 마음이 롤러코스터를 탔다. 나름대로 확신을 갖고 있었지만 충고를 무시할 수는 없었기에 하루 종일 휴대폰을 붙잡고 검색을 하고 또 해보았다. 나와 의견이 같지 않은 정보가 더 많을 때는 흔들리는 마음을 주체할 수 없었다. 대표적인 것이 모유수유였다.

모유수유를 오래하면 충치 때문에 좋지 못하고 아이의 성장에도 방해가 된다는 것이었다. 압도적인 정보의 양이 정보의 정확성에 대한 판단력을 잃게 만들었다. 모유수유와 충치라는 검색어를 버리고 모유수유와 안정적 애착을 찾아보고 나서야 마음이 놓였다.

내 숙제는 나의 믿음이 옳다는 증거를 찾는 것이었다. 나의 미래가 아니기 때문에 더욱 고심하는 것일지도 모른다. '아이가 잘못되면 어쩌지?'라는 불안과 '나 때문에 좋지 않은 길을 가고 있다.'라는 죄책감이 두려움을 이끌어낸다. 선택의 결과를 예상하는 데 소비할 에너지를 '나는 최선의 것을 선택했다'라는 믿음으로 변화시키는 태도가 중요하다.

아이를 낳기 전 미래에 나의 아이에 대한 이미지를 드림보드에 붙여두었다. 내가 낳고 키운 아이는 분명 잘될 거라는 믿음이 생길 수 있었던 것은 내가 믿음으로 자란 엄마의 딸이기 때문이다. 모든 엄마들은 딸을 믿음으로 키웠다. 엄마에게 배운 그대로 아이들에 대한 긍정적인 믿음을 지키도록 노력하면 된다. 우리 아이들은 나의 믿음을 먹고 잘 자랄 것이다. 그것을 믿기 때문에 실수해도 느려도 괜찮다.

나는 옳은 선택만 골라 하는 위대한 엄마가 되려는 것이 아니다. 그보다는 아이가 지금 무엇을 좋아하고 있는지 물어보는 사람이고 싶다. 행복은 느끼는 게 아니라 선택하는 것이라고 알려주는 안내자의 역할을 하라.

아이의 미래가 궁금하다면 지금 아이에 대한 엄마의 믿음이 어떤지 확인해보길 바란다. 엄마의 견고한 믿음은 아이의 미래를 보여 주는 거울이기 때문이다.

♥ 엄마, 보세요!

▶ 아이의 미래를 꿈꾸며 걱정하는 순수한 마음이 집착이 되지 않도록 하세요. 엄마의 자유가 아이들의 자유를 막지 않아야 하고, 아이들의 자유가 엄마의 자유를 막아서지 않아야 합니다. 다만 믿어주세요. 아이는 엄마의 믿음대로 자랍니다.

"뿌린 대로 거두리라."라는 씨 뿌리는 자의 비유를 들어본 적이 있는가? 콩 심은 데 콩 나고 팥 심은데 팥이 난다는 뜻이다. 심은 대로 거둔다는 것은 육아에서 반드시 기억해야 하는 지혜이다. 엄마의 믿음으로 아이의 미래를 쓰고 있기 때문이다.

내가 고생해서 낳은 아이에게 굳이 악담을 필요는 없지 않은가? 다시 보지 않을 사람에게도 친절을 베푸는 넓은 아량이 자녀들에게도 전해지길 바란다. 나에게도 엄마의 결정적인 믿음의 한 마디가 있었다.

"우리 딸 잘 하잖아. 혼자서도 잘하고 항상 1등이지. 엄마가 믿고 있을게."

처음에는 기대에 부응하려고 노력했었다. 무엇이든 다 1등을 해야 직성이 풀렸다. 사춘기가 되자 부담스러운 마음에 일부러 반대 방향으로 가면서 엄마의 믿음을 시험하기도 했었다. 학교에서 정학을 당했어도 엄마는 끈질기게 나를 믿고 있었다. 오랜만에 만나도 혼 한 번 내지 않았다.

나에 대한 미안함이나 무관심을 넘어서 정말 순수하게 내가 잘 될 거란 믿음을 갖고 있었다. 나의 반항은 정말 일시적으로 끝났다. 다시 돌아갈 곳도 있었다. 이전보다 더 두터운 자존감이 생겨버렸다. 엄마의 진심이 담겨진 믿음의 한 마디가 나를 지금껏 살게 했다.

감정조절 육아법

05 감정조절이 가족의 모든 부분을 바꾼다

> "이성이 인간을 만들어 낸다고 하면 감정은 인간을 이끌어 간다."
>
> – 장 자크 루소

건강도 감정조절에 영향을 미친다

첫째는 동생이 생기고 나서부터 유독 산만해진 것 같았다. 감정조절
도 제대로 하지 못하고 오후 시간이 되면 잠시도 가만히 있지를 못했
다. 동생 때문에 스트레스를 받았나 싶어서 더욱 신경을 써보아도 나아
지지 않았다. 어린이집 선생님께 상황을 물었더니 어린이집 생활에서
는 문제가 없다고 했다. 오후에 되면 아이들이 조금 산만해지는 건 일
반적이라는 말씀으로 나를 달래주셨다.

걱정스러운 마음에 ADHD를 체크해봤다. 걱정할 정도는 아니었지만
정상적인 범주도 아니었다. 남편은 회초리를 들었다 났다 하면서 아이

를 혼내기 시작했다. 남편은 둘째가 50일이 될 때까지 첫째를 맡아서 돌보았는데, 한계가 찾아온 것이다. 지금 생각해보면 남편과 나는 산만함을 고친다는 핑계로 우리의 힘겨운 감정을 투사하고 있었다.

아빠에게 혼나고 온 딸을 안아서 다독이는데 한 품에 들어오지 않게 훌쩍 커버린 것을 깨달았다. 갑자기 미안함과 안쓰러움에 눈물이 쏟아졌다. 그 날 오랜만에 큰딸과 나란히 잠을 잤다. 그런데 아이가 자꾸 숨을 못 쉬었다. 무호흡 증상을 몇 번씩 보이면서 계속 뒤척였다. '코가 막히나? 왜 이렇게 잠을 못자지?' 아침이 돼서야 깊게 잠든 모양이었다. 아침마다 몇 번을 깨워도 일어나지 못했는데 이유가 있었다. 사흘을 같이 자면서 살펴보니 계속 그랬다. 그동안 아이가 왜 산만했는지 알 것 같았다. '수면부족으로 인해 뇌가 쉬지를 못하니 그럴 수밖에 없지.' 남편은 한 번 잠들면 업어 가도 모를 정도로 깊은 잠을 잔다. 당연히 수면부족이 감정에 끼치는 영향을 모를 수밖에 없었다.

아주대학교병원에 급히 예약을 하고 남편과 함께 갔다. 엑스레이를 찍어보니 아데노이드 비대가 원인이었다. 숨 쉬는 공간이 10%만 남아 있었다. 나이가 어리기 때문에 수술 여부를 결정하기 위해서 수면 검사를 했다. 수면의 질이 형편없었다. 깊은 수면의 단계에 이르지도 못했다. 보통 아이들이 잘 때 5~7번 깬다고 하면 첫째는 30번이나 깨고 있었다. 환자복을 입은 채, 온 몸에 검사기를 달고 멋쩍게 웃는 딸이 안쓰러웠다. 그날, 아이를 재우고 얼마나 서럽게 울었는지 모른다. 내가 육아를 제대로 하고 있기는 한 건가 후회가 됐다. 한 번 터진 울음을 멈출수가 없었다. 미안함과 후회, 서러움……. 많은 것을 눈물로 쏟아낸 날이었다. 감정조절은 심리적인 원인 외에도 많은 변수가 있음을 경험으로 배웠다. 이런 식으로 배우지 않았으면 좋았겠지만 소중한 경험인 것은 분명했다.

감정조절이 안 되면 공부도 힘들다

감정조절은 자녀의 교육에서도 중요하다. 책상에 앉아서 공부에 집중을 하려면 얼마나 다양한 감정을 이겨야 하는지 알 것이다. 숨겨놓았던 감정들까지 갑자기 찾아와서 집중하기 쉽지 않다. 이때 목표를 이루어 내겠다는 마음의 태도가 중요한데, 부정적인 감정의 상태에서 뇌는 활성화되지 않는다. 부정적인 감정 상태에서는 오히려 뇌가 쪼그라진다는 연구 결과도 있다.

학습 효과를 극대화하려면 좋아하는 것을 찾아 긍정적인 감정을 끌어올리는 것이 먼저이다. 자신이 무엇을 좋아하는지를 알고 공부를 통해서 이루어 나갈 목표를 설정한다. 목표 달성을 위한 과정 중에 하나가 공부라는 것을 알아야 집중도 잘 되는 것이다.

학습 효과를 극대화하려면 좋아하는 것을 찾아 긍정적인 감정을 끌어
올리는 것이 먼저이다.

가족 관계 개선에서 빛을 발하는 감정조절

감정조절은 가족 간의 관계에서 빛을 발한다. 나를 가장 행복하게 해주는 것도 가족이지만 나를 가장 힘들게 할 수 있는 사람도 가족이다. 나 역시 아이들과의 관계뿐 아니라 남편과의 관계도 힘들 때가 있었다. 내 감정을 드러내면 자존심이 상했고 주도권을 뺏기는 기분이 들었다. 내담자의 마음은 잘 헤아려주고 경청하면서 남편의 마음을 헤아리는 것은 유독 힘들었다. 나는 감정조절을 시작하면서 나의 감정을 들여다보기 시작했다. 서로를 존중하며 솔직하게 말하는 감정조절법을 매일 연습하면서 관계가 더욱 돈독해졌다. 가끔 누군가의 컨디션이 좋지 않아 감정조절이 어려워지면 그런 상황조차 이야기를 나눈다.

"어제 잠을 좀 설쳤어. 신경이 날카롭네. 자꾸 짜증이 나."

이렇게 이야기를 해두면 나도 내 자신의 상태를 다시금 깨닫고 주의를 하게 된다. 가족들도 나의 상황을 이해하고 배려해줄 수 있다.

"방에 들어가서 조금만 쉬다가 와요."

가족 중에 감정조절의 중요성을 제일 실감하는 사람은 '욱 대장' 남편이었다. 우리는 우리의 약점을 보완할 수 있는 가장 현명한 길을 찾기 위해 많은 시도를 했었다. 남편은 이따금씩 욱하는 감정이 몰려올 때면 호흡을 크게 하고, 천천히 감정을 이야기 했다.

"얘들아, 아빠가 지금 계속 이런 상황에 있으면 화가 날 것 같아. 잠깐 멈춰줄래?"

아이들은 아빠의 감정 표현에 귀를 기울이고 들어준다. 아이들도 자신의 상황을 이야기하면서 합의점을 찾아냈다. 나는 속으로 박수를 쳐주었다. 눈을 찡긋거리며 긍정적인 몸짓 신호를 보냈다. 눈부신 발전이었다.

감정조절 육아는 부정적인 감정을 억압하지 않는다. 안전하게 표현하는 방법을 안내할 뿐이다. 자신과 타인을 해치지 않는 범위를 설정하고, 부정적인 감정의 늪에 긴 시간 머물지 않도록 도와줄 수 있다. 긍정적인 감정 또한 상황에 맞게 표현되도록 가이드라인을 제시한다. 시간이 지나도 변하지 않는 근본적인 육아법이 있어야 한다. 엄마의 감정조절 육아는 많은 부분에 변화를 줄 것이라 확신한다. 감정조절 육아법! 이제부터 시작이다.

♥ 엄마, 보세요!

▶ 감정조절은 가족은 많은 부분을 바꿉니다. 건강이나 아이의 교육에 영향을 미치기도 하지요. 무엇보다 가족 간의 관계를 완전히 뒤바꿀 수 있습니다. 감정조절로 가족의 모든 것을 좋은 방향으로 바꿔보세요.

감정조절 육아 이야기
아이도 충분히 자신의 감정을 조절할 수 있다

"엄마, 화를 참을 수가 없어요. 으악~ 화가 난다!"

"아~ 다연이 진짜 화나겠다. 참지 않아도 돼! 엄마도 열심히 한 게 망가지면 엄청 속상하거든. 그렇게 말해주니까 엄마도 이해가 돼. 어떡하지? 엄마도 신경 못 썼어. 같이 다시 만들어볼까?"

"아니요. 내가 다른 곳에 잘 놨어야 했는데 어쩔 수 없죠. 다른 거 하고 놀래요."

첫째가 몇 분 동안 열심히 만든 블록 작품을 막내가 한 순간에 망가트렸다. 다연이는 화가 난 표정을 지었다. 그러면서 '앵그리버드'라는 게임 캐릭터를 재미있게 연출한 코미디언을 따라하는 식으로 감정을 표현했다. 화나는 감정을 참지 않고 말로 표현하니 감정을 다스리게 되었다. 엄마의 도움을 받아 순조롭게 조절하는 방법을 연습할 수 있었다.

06 감정조절로 서로가 행복의 이유가 된다

"사랑이 넘치면 즐거운 마음이 샘솟지 않을 수 없다."
– 테레사 수녀

엄마와 아이는 감정을 주고받으며 함께 자란다

첫 아이를 낳고 퇴원할 때 아이의 황달 수치가 조금 높다고 했다. 집에 온 후에 황달에 대해서 인터넷 검색을 계속 하면서 불안함을 놓지 못했다. 급작스러운 임신과 조기진통으로 학습된 불안이었다. 임신 중 힘겨움이 아이에게 전달된 것은 아닐까? 오만 가지 생각이 다 들었다. 황달이 심해진 것 같아 물었더니 남편과 시어머님은 괜찮다고만 했다.

첫 검진 날 의사가 아이를 보더니 황달이 심하다고 했다. 갑자기 심장이 요란하게 뛰었다. 아니나 다를까, 당장 대학병원으로 가지 않으면 위험하다고 했다. 등에 식은땀이 주르륵 흐르면서 겁이 났다. 황달 수치가 높아서 핵 황달이 오면 큰일이라고 했다. 아이를 안고 서울대학병원 응급실로 향했다. 태어난 지 5일 밖에 안 된 아이에게 발가락보다 더 큰 바늘을 꽂아대기 시작했다. 울고 싶었지만 입술을 꽉 깨물었다. 울어버리면 정말 큰일이 생길 것 같았다. 병실이 없어 신생아 중환자실이 있는 보라매병원으로 옮겨야 했다. 우여곡절 끝에 신생아 중환자실에 입원을 했다.

담당 주치의는 아주 위험할 뻔했다고 전했다. 광선치료를 시작하고 나서야 황달 수치가 떨어졌다는 소리를 들을 수 있었다. 나는 안정을 되찾았다. 꼬박 12시간을 돌아다녔지만 힘들다 말하지 않았다. 아침과 저녁, 2번의 면회 시간이 있었는데 그것도 5분 남짓이었다. 집에서 차로 2시간이나 되는 시간을 택시를 타고 오고 갔다. 힘들게 품에 안은 아이를 하루에 2번 밖에 보지 못했다. 아이와 남편 몰래 많은 눈물을 흘려야 했다. 바람이 제법 쌀쌀한 가을날이었다. 산후 조리는 물 건너간 지 오래였다. 퇴원을 하면 먹이겠다는 의지로 유축도 열심히 했다.

지옥과 같은 시간이 지나가고 드디어 아이를 다시 안을 수 있었다. 그날 내 첫 아이에게 참았던 눈물을 쏟아내며 말했다. "엄마가 정말 많이 사랑해줄게. 그리고 앞으로는 꼭 지켜줄게!" 갑자기 센 빛에 노출된 탓에 아이의 왼쪽 눈 밑에 커피색 점이 올라왔다. 심장 부근에 선홍빛 혈관종도 있었다. 나는 내 다짐의 증표라고 생각했다. 아이에게는 그런 흔적들이 '엄마가 제일 사랑하는 사람'이라는 뜻이라고 알려주었다.

아이의 생명이 오롯이 내 책임인 것이 가장 힘들었다. 나의 욕심과 불안함이 아이에게 그대로 전달되었다. 나의 불안한 감정을 전달 받은 첫아이는 예민한 아이로 자랐다. 아이는 위협을 느낀 것인지 스스로 자신을 지켜냈다. 나의 모성 본능은 그것을 또 견디게 했다. 그래서 나는 결국 끈기 있는 엄마가 되었다.

나의 변화가 아이를 '해피바이러스'로 만들다

나를 단련시켜준 큰딸은 어느덧 유치원 졸업을 하게 되었다. 마지막으로 유치원 가방을 메고 집을 나서는 아이에게 물어보았다.

"딸! 기분이 어때? 오늘만 가면 유치원생은 마지막이네?"
"좋은 것 같기도 하고 슬픈 것 같기도 해요."
초등학생이 된다는 기쁨과 더 이상 유치원에 갈 수 없다는 아쉬움이 교차하는 것 같았다. 나 역시 복잡하지만 설레는 감정을 느끼고 있었다. 졸업식 순서에는 엄마가 아이에게 쓴 편지를 낭독하는 시간이 있었다. 아이와 얼굴을 마주보면서 읽기 시작했는데 첫 줄을 읽자마자 눈물

엄마는 아이들에게 '무엇을 해줄까?'에 가치를 둔다.
그러나 아이들은 '같이하는 것' 자체에 가치를 세운다.

이 주르륵 흐르기 시작했다. 나도 아이도 예상 못한 상황이었지만 감정을 고스란히 느끼며 끝까지 읽었다. 첫째도 같이 울고 웃으며 편지에 가득 담긴 나의 사랑을 받아주었다. 행복하고 소중한 시간이었다. 같은 공간에서 마음을 나누고 서로의 감정을 공유할 수 있었다. 언젠가 나눌 수 있는 추억이 생겼다는 뜻이다.

마지막 순서에는 각자의 재능과 성격에 맞는 이름으로 상을 주기 시작했다. 아이가 받은 상의 이름은 '해피바이러스 상'이었다. 남편에게 "우리 딸다운 상 받네!"라고 말하며 함께 딸 바보 인증샷을 찍었다. 나의 지인들 역시 "네 딸답다."라며 축하해주었다. 아이의 행복한 감정이 친구들에게 전해져서 받은 상이었다. '감정조절연구소' 소장에게 가장 의미 있는 일이었다. 내 불안을 전해받아 예민했던 아이가 어느새 '해피바이러스 상'을 받게 되다니! 나는 가족들과 자축했다. 나도 큰딸 덕분에 행복한 감정이 충전되었다. 나를 만나는 사람마다 행복한 감정을 전달 받을 것이라 확신할 수 있었다.

부모의 표정이 얼굴에 드러나면 아이들도 편해진다. 아이들 나름대로 감성지수를 키우는 기회인 셈이다. 얼굴은 무표정인데 친절하게 이야기하거나 반대로 웃으면서 무서운 행동은 하지 말자. 아이들에게 혼란만 가중시키고 이중적인 모습을 배우게 된다. 여러 가지 가면을 씌우는 행동은 자신의 감정을 억누르는 계기가 된다.

　엄마는 아이들에게 '무엇을 해줄까?'에 가치를 둔다. 그러나 아이들은 '같이 하는 것' 자체에 가치를 세운다. 엄마는 무언가를 계속 해주려고 한다. 아이들은 엄마랑 같이 하는 것을 원한다. 그래서 자꾸 어긋나는 것이다.

　'가치 있고, 같이 할 수 있는 것'이면 무엇이든 좋다고 생각한다. 엄마는 아이가 좋아하는 모습을 보고 행복을 느낀다. 아이는 엄마의 행복한 감정을 전달 받고 덩달아 행복을 느낄 수 있다. 결국 자신으로 인해 엄마가 행복할 수 있다는 사실에 엄청난 존재 가치를 깨닫게 된다. 행복한 감정은 모두를 변화시키는 놀라운 힘이 있는 것이다.

♥ 엄마, 보세요!

　▶ 엄마와 아이의 감정은 연결되어있습니다. 엄마는 아이로부터, 아이는 엄마로부터 행복을 찾습니다. 엄마의 행복을 먼저 아이에게 전해주세요. 아이는 엄마를 닮아 더 행복한 아이로 자랄 거예요.

07 감정조절을 시작하기에 '늦은 때'란 없다

"미래는 현재 우리가 무엇을 하는가에 달려 있다."
– 마하트마 간디

과거의 고통을 딛고 긍정의 여왕으로 거듭나다

나는 2.4kg로 아주 작게 태어났다. 엄마는 가난한 아빠를 만나 스물에 나를 낳았다. 3살 때쯤 아빠의 외도로 인해 이혼을 할 수밖에 없었다. 엄마는 내가 5살에 재혼을 하셨고 내게는 새 아빠가 생겼다. 아빠가 술에 취한 날이 너무 무서웠다. 가장의 역할을 대신 하느라 지방에 있는 엄마와 전화로 싸우는 날도 나는 감정을 받아내는 대상이 되어야 했다.

어떤 날은 자고 있는데 아빠가 배를 발로 차서 깨우기도 했다. "잠이 오냐? 집이 이 모양인데 어떻게 처자냐?"라고 하셨다. 아빠는 늘 나에게 "너만 없으면 우리 가족은 행복해."라고 말씀하셨다. 나는 기댈 곳이 없었다.

중학생이 된 이후로 집에서 동생을 보고 살림을 해야 했기 때문에 피난처인 외가에도 갈 수 없었다. 아빠는 "너 때문에 집이 이렇게 되었다."라며 한탄했다. 자신의 무능력을 나에게 투사라도 해야 사실 수 있었으리라. 화가 나실 때면 "나가서 뒤져버려!"라는 말도 아무렇지 않게 내뱉으시곤 했다. 나는 짐승처럼 맞아도 꼬박꼬박 말대답을 하면서 이를 갈았다. 어떤 날은 차라리 맞아 죽고 싶은 날도 있었다.

급기야 날아온 화분에 맞은 어느 날, 더 이상 견디지 못하고 집을 나오게 되었다. 줄줄이 사탕같이 이어지는 나의 불운은 결혼 전까지 쉴 새 없이 반복되었다.

남편은 그 속에서 자란 나를 목숨처럼 아껴줬다. 하지만 남자의 무능력에 질려버려서 결혼은 꿈도 꾸지 않았었다. 나는 성공만을 위해서 혼자 살고 싶었다. 확신을 주는 사랑을 겪어보지 못했으니 남편의 사랑도 밀어냈었다. 가정 형편 때문에 결혼은 꿈도 안 꿨다. 그럼에도 남편은 끝까지 변함없는 모습으로 사랑을 지켜줬다. 그래서 우리는 서로를 진심으로 믿을 수 있다. 위기 가정에서 자란 내가 삶을 포기하지 않고 살아낸 것이 기적이라고 했다.

내 삶으로 증명된 긍정 언어의 힘

지금은 긍정의 사고가 중요한지를 알려주는 책과 강연이 많다. 하지만 예전에는 쉽게 접할 수 없었다. 그러나 언제나 어려운 상황 속에서 버틸 수 있도록 나를 지지해주는 한 사람이 꼭 있었다.

자살하려는 순간마다 돌아서게 한 것은 동생이었다. 삶의 고통이 나를 짓누를 때면 "딸 믿어. 우리 딸은 무엇이든 잘하잖아!"라고 말하는 엄마의 목소리가 들렸다. 긍정의 언어로 "현정이는 야무져서 훌륭한 사람이 될 거야!"라고 말해준 삼촌과 이모들도 있었다. 어떤 선생님은 맹장수술 후에 체력검사에서 '특급'을 받은 나에게 "우와~ 독종!"이라고 하셨다. 처음 들어본 말이었는데 그 말이 나는 너무 좋았다. 내가 살아가는 힘이 되어주었다. 고등학교 때 일을 하면서 전교 1등의 성적표를 받아내자 제일 친한 친구였던 보영이는 나보다 더 기뻐하며 소식을 전해주었다. 나를 보며 "현정이는 뭘 해도 되겠다."라고 말해주는 선생님이 꼭 한 분씩 있었다. 친아빠가 없는 내게 "내가 너의 아빠니까 두려워하지 마라. 사랑한다. 내 딸아!"라고 사랑을 확증해주신 '진짜 아빠' 하나님이 계셨다. 더 이상 내가 죽음으로 돌아서지 않도록 만드는, 확정

된 사랑이었다. 나는 부단히 나와의 싸움을 시작했다. 긍정의 언어로 일기도 썼다.

나의 꿈과 눈부신 미래를 온 사방에 붙여놓고 잠자기 전에도 일어난 후에도 읽고 또 읽었다. 긍정의 언어는 나를 변화시켰다. 내가 변하니 환경도 변했다.

해가 뜨고 질 때마다 긍정의 언어를 외쳐라

유투브에서 한 동영상이 화제가 되었다. 조회 수가 몇만 건에 이르는 이 동영상에는 엄마와 아이가 등장한다. 엄마와 아이들이 아침마다 거울을 보고 "나는 할 수 있다! 나는 멋지다!" 자신에게 긍정의 말을 외치는 동영상이었다. 아이들에게 자신감을 심어주기 위해 오랜 기간 동안 촬영한 것이었다. 나는 동영상을 보고 눈물이 났다. 나는 늘 아이들에게 진짜 필요한 것이 엄마의 믿음이라고 여겨왔기 때문이다. 교육은 긍정적인 결과를 바라보고 시작되어야 한다고 늘 강조했다. 무엇보다 나는 긍정의 힘은 놀랍다는 것을 피부로 체험하고 있었다.

나는 엘리베이터를 타고 내려가는 동안에 아이들과 함께 "나는 행복하다. 나는 할 수 있다. 나를 사랑한다." 등의 긍정적인 말들을 외친다. 나를 만나는 사람들도 나에게 '긍정의 여왕'이라고 말해주기 시작했다.

행복은 긍정의 언어로 만들어지는 아름다운
조각품 중 하나이다.

에너지가 넘친다고 칭찬 받으면 마음 깊이 감사를 한다. 왜냐하면 나에 대한 사람들의 확언이 나를 더욱 밝게 만들어주기 때문이다.

세 아이의 엄마가 된 나는 긍정의 언어로 아이를 키울 수밖에 없었다. 가끔 나를 잘 아는 사람 중에 몇 명이 묻는다.

"어떻게 매일 행복할 수 있어요?"

예전에 나는 어떻게 대답해야 할지 몰랐다. '내가 행복한 척을 한다고 느끼는 걸까?'라는 생각도 들었다. 행복의 기준이 무엇이냐에 따라 다를 것이다. 나는 오늘 '사랑한다'고 말할 수 있으면 행복했다. '살아있는 있는 자체가 행복'이라고 말하고 싶다. 힘들어도 살아있기 때문에 느낄 수 있는 모든 것들이 그저 감사할 뿐이다. 아이들의 짜증도 나를 감정 조절 마스터로 만들어주는 훈련이라고 생각할 수 있었다.

긍정의 언어는 아침에 눈을 떴을 때와 잠자리에 들었을 때 가장 큰 효과를 발휘한다. 습관처럼 입에서 흘러나와 잠재의식에 확실히 자리 잡혀야 한다. 습관적으로 하는 긍정의 언어는 긍정의 행동을 낳게 한다. 내가 바라는 이상적인 모습에 가장 빠르게 갈 수 있는 놀라운 법칙이다. 행복은 긍정의 언어로 만들어지는 아름다운 조각품 중 하나이다.

내 안에 아름다운 것들만 조각하는 것이 어떨까? 긍정의 언어로 인해 삶이 조화롭고 풍성해질 수 있다. 나의 긍정 언어 습관으로 아이와 내가 행복을 전하는 씨앗이 될 수 있다.

긍정의 언어를 통해 나와 함께 하는 모든 이들에게 행복한 감정을 키워라. 지금껏 아이와 나눈 대화에 부정적인 언어가 있었다고 자책하지 말라. 아이는 우리가 생각하는 것보다 훨씬 강한 존재이다. 아이의 회복 탄력성을 믿고, 오늘부터 긍정 언어의 씨앗을 뿌리면 된다. 긍정의 언어로 자라는 아이는 행복한 아이가 된다는 것을 믿어라.

♥ 엄마, 보세요!

▶ 엄마의 내면이 긍적적인 감정을 가지기 힘든 상태일 수도 있습니다. 하지만 믿으세요. 엄마도, 아이도 할 수 있습니다. 오늘부터 긍정적으로 생각하고, 말하고, 행동하세요. 아이도 그렇게 자랄 것입니다.

감정조절 육아 이야기
긍정의 씨앗이 사람을 살게 만든다

지금 나는 다둥이 엄마로 행복한 삶을 살 수 있어서 매일이 감사할 뿐이다. 나에 대한 믿음과 나를 믿어준 사람들이 있었기 때문에 가능한 일이다. 긍정의 씨앗이 어느새 심겨져 뿌리 깊은 나무가 된 것이다. 열매가 맺을 때까지 꽤 오랜 시간이 걸렸다. 씨앗을 처음 심은 사람은 엄마였다. 그리고 외가친척들, 선생님, 친구들이었다. 나를 위해 선의를 베푼 많은 사람들이 나를 지켜준 것이다. 가장 오래 양분을 주고 친구가 되어준 것은 책과 내 동생이었다. 그리고 지탱해주는 힘의 근본은 오직 하나님이었다.

내가 살기 위해 제일 먼저 해야 했던 것은 용서였다. 나를 아프게 했던 모든 사람을 용서하고 마지막으로 나도 용서해야 했다. 용서는 누군가에게 관용을 베푸는 것이 아니라 살기 위해 '이기적인 내가 되는 것'을 선택하는 것이다. 나의 힘든 과거를 끌어안고 살아가지 않겠다는 선언을 함으로 자유를 얻는 것이다. 7번씩 70번도 할 수 있어야 하는 것이 진정한 용서였다. 나는 진정한 행복을 선택하기로 했다. 나는 긍정의 언어가 얼마나 큰 힘을 보여주는지 살아있는 것으로 증명한 셈이다. 나는 "삶을 살아내는 것이 죽는 것보다 가치 있다."라고 자신 있게 말할 수 있다.

08 엄마에 의한, 엄마를 위한 해답, 감정조절!

> "자식을 기르는 부모야말로 미래를 돌보는 사람이라는 것을
> 가슴속 깊이 새겨야 한다.
> 자식들이 조금씩 나아짐으로
> 이 세계의 미래는 조금씩 진보하기 때문이다."
> – 임마누엘 칸트

'엄마'가 필요해서 '엄마'가 찾은 방법, 감정조절

"우리 부모님들, 아이 키우면서도 이렇게 바쁜 시간 내서 공부하는 모습이 정말 멋지십니다! 나 자신을 위해 애썼다는 의미로 크게 박수 한 번 쳐줄까요?"

강연을 들으러 오신 많은 분들을 위한 진심 어린 응원이기도 하지만, 강연을 마무리하는 나에게 직접 전하는 위로의 말이기도 했다. 이른 아침부터 밤늦게까지 아이들을 위해서 쉴 새 없이 움직이는 엄마, 아빠는 바로 나의 이야기이기도 하다.

"여보, 나 감정조절 육아법이라는 주제로 책 쓸 거야."

책을 쓰기로 마음먹으면서 나는 남편에게 선언했다. 열등감을 극복하기 위해 도전을 하고 포기하지 않는다면 최고의 전문가가 될 수 있다는 확신이 있었다. '감정조절 연구소'를 차리고 코칭과 강연, 책 쓰기에 몰입했다. 나는 감정조절 육아 전도사를 자청했다.

내가 육아를 하면서 공부를 해보니 적용하는 과정을 찾느라 많은 시간을 소비해야 했다. 방법을 찾는 것도 필요한 과정이지만, 시간이 부족한 엄마들에게는 작은 지렛대가 필요했다. 왜냐하면 하려는 의지가 있어도 방법을 모르면 나아갈 수 없기 때문이다. 전문가는 그런 방법을 제시해야 했다. 하지만 현실에서는 방법은 알려 주지 않고 하라는 것만 너무 많아보였다.

생생한 육아 경험을 한 사람이 길을 제시하면 마음이 움직인다. 현실에 바로 적용해서 작은 성공을 이루는 방법이 필요하다. 육아를 하느라 홀로 서는 방법을 잊은 엄마들에게 함께 첫 걸음을 떼도록 손을 잡아주고 싶었다. 엄마가 아이의 첫 걸음을 응원하는 것처럼…. 초보 엄마라 처음에는 몇 번 넘어질 것이다. 포기하고 싶은 마음도 들고 바람에 나부끼는 갈대가 따로 없을 것이다. 하지만 다시 뒤로 가는 것이 아니라 지금까지 걸어온 곳에서부터 또 시작하면 된다. 멈추더라도 포기하지만 말고, 한 걸음씩 발을 떼는 것에 집중하기로 하자.

아이 이야기에는 눈물부터 나오는 '엄마 동지'들을 위한 해결책

나를 찾아와준 사람들과 이야기를 나누고 나면 눈물부터 나온다. 함께 울고 눈물을 닦고 나면 가슴 깊은 곳에서부터 진한 동지애가 느껴진다. 감정의 끈으로 연결되는 순간이다. 순수하게 만났던 어릴 적 친구들은 결혼해서 뿔뿔이 흩어지고, 결혼하지 않은 친구들과는 도대체가 말이 맞지 않는다. 나눌 수 있는 이야기가 별로 없어서 다른 사람들의 이야기만 하다가 돌아오는 경우도 있었다. 공감대가 형성되지 않았던 탓에 괜히 다음 약속이 기대되지 않았다.

그런데 육아를 하는 부모라면 아이들의 연령대만 비슷해도 벌써 친구다. 생전 처음 보는 아이에게 "이모가 해줄게." "삼촌이 도와줄게."라고 말한다. 놀라운 친화력을 발휘해 아이와 금세 친해질 수 있다. 내 아이에게 관심을 보여준 사람에게는 나 역시 따뜻한 마음을 품고 다가갈 수 있게 된다.

감정조절의 해결책은 바로 옆에 있다

'무슨 이야기를 해도 이해받을 수 있겠다'는 생각이 드는 사람이 있다. 나 역시 그러한 사람이고 싶었다. 진심으로 공감하고 위로하는 사

'무슨 이야기를 해도 이해받을 수 있겠다'는 생각이 드는 사람이 있다.

나 역시 그러한 사람이고 싶었다.

람이고 싶었다. 나를 만나는 사람들은 나에게 진실한 격려를 받을 수 있다는 확신을 주고 싶었다. 감정조절 상담을 받을 때 '이제껏 누구에게도 하지 못한 이야기를 할 수 있었습니다. 위로가 되었어요.'라는 감사인사를 받을 때도 있다. 내가 소명을 잘 감당하고 있다는 확신이 들었다. 내가 살아가는 목적이 실현되면 자아존중감은 높아진다. 더불어 행복한 감정을 느끼고 유지하는 데 더욱 집중을 할 수 있다. 어떻게 하면 내가 행복할 수 있는지를 깨달았기 때문이다. 감정조절 육아를 하면서 나의 태도는 변화되었다. 엄마들에게 가볍게 조언을 하기도 한다.

"내 아이를 옆집 아이라고 생각하고 관찰해봐."

감정조절을 통해서 내가 자신감을 갖고 삶을 살아가니 가족들의 삶도 한층 더 평안해졌다. 감정조절 육아를 코칭하는 내가 불행한 삶을 살아간다면 신뢰는 생기지 않을 것이다. 나는 나와 다른 사람들을 '밝고, 빛나고, 풍성하고, 새롭게 하자'는 사명을 갖고 살아간다. 나를 만나는 사람이 진심으로 위로받고 회복되길 바란다.

나는 감정조절 육아 전도사이다. 감정조절의 어려움을 겪는 엄마들에게 진심으로 코칭을 할 수밖에 없다. 아이 셋을 키우며 실전을 경험하고 있기 때문에 진심은 통했다. 육아를 행복하게 할 수 있는 많은 방법을 시도했고 실패도 해봤다. 그러나 가장 근본적인 원인을 찾기까지 많은 시간 피 나는 노력을 했다. 엄마들의 고통을 누구보다 이해할 수 있다. 지금도 한숨짓고 있는 우리 엄마들에게 말하고 싶다.

"혼자 해내려고 남은 힘까지 소진하지 마세요. 누군가에게 도움을 요청하세요. 만약 제 도움이 필요하면 010-2441-5125로 연락주세요."

현재 내가 운영하는 카페가 있다. 궁금증이나 문제가 있다면 해결책을 찾아보라. 감정조절의 해결책을 찾고자 결심했다면 해답은 멀리 있지 않다는 것을 명심하기 바란다.

♥ 엄마, 보세요!

▶ 엄마의 문제, 궁금증, 감정, 고민은 엄마가 가장 잘 압니다. 감정조절은 엄마가 엄마로서 실천해본 엄마를 위한 육아법입니다. 해답은 가까이에 있습니다. 일단 시작하세요!

아이가 행복하길 바란다면 감정조절하라!

지하철에서 만난 감정조절 육아의 고수

지하철에서 유모차를 탄 아이가 큰 소리로 울고 있었다. 몇 초가 지나자 할아버지 한 분이 "우는 아이를 지하철에 왜 데리고 탔어!"라며 큰 소리로 말씀하셨다. 그 모습을 보고 있는 지하철에 있는 많은 사람들의 표정은 각양각색이었다.

세 아이의 엄마로서 부정적인 감정이 먼저 일어났다. 할아버지의 말씀에 서운함과 속상함이 생겼다. 임신 초기에 노약자석에 앉았다가 창피를 당한 생각이 나서 분노가 치밀었다.

'이러니 아이 낳기를 꺼려하지….'

그러나 울음이 길어지기 시작하자 '왜 아이를 달래지 않지?'라는 생각이 들었다. 분명히 다른 사람에게 불편을 끼치고 있었다. 아이의 엄마가 궁금해져서 고개를 내밀어 살펴봤다. 엄마로 추정되는 여성은 다른 사람의 일인 양 아무 행동도 취하지 않았다.

시간이 지나자 아이의 울음이 조금씩 잦아들었다. 그러자 옆에 앉아 있던 외국인이 일어섰다. 아이의 엄마는 외국인이었던 것이다. 엄마는 아이를 쓰다듬으며 스스로 울음을 그친 것을 칭찬했다. 그리고 아이의 행동에 대한 엄마의 마음을 이야기했다. 다른 사람들이 불편했을 거라는 사실도 전했다.

아이에 대한 원망이나 질책 없이 당당하고 차분했다. 아이의 감정을 존중해주는 육아 신념과 문화적 배경을 엿볼 수 있었다. 무엇보다 엄마의 감정조절의 능력은 탁월했다. 감탄을 할 수밖에 없었다.

아이의 행복을 바란다면 엄마가 먼저 행복하라

나는 대한민국에서 세 아이를 키우고 있는 엄마이다. 엄마가 된다는 것을 생각할 겨를도 없이 숨 가쁘게 살아왔다. 나를 존중해주는 남편을 만나, 엄마를 배운 적이 없는 내가 덜컥 엄마가 되었다. 내 아이에게는 엄마가 없는 설움을 물려주지 말아야겠다는 생각으로 열심히 육아를 했다. 나의 행복보다는 책임감에 파묻혀 머리로만 육아를 했다. 나는 10여 년 동안 또한 하루 종일 육아하다 밤에는 밀린 살림에 공부까지 했다. 때때로 진행하던 일이 겹치면 하루에 2시간을 자면서 몇 주를 보낸 적도 있었다. 어느새 체력과 사랑의 마음이 바닥나버렸다.

육아를 한다는 것은 내 마음대로 할 수 없는 것을 내려놓는 여정이었다. 자꾸 육아 책임감을 짊어지려고만 하니 잘될 턱이 없었다. 내 욕심을 아이에게 품을수록 어긋나는 것이 육아였다. 행복은 기다리기만 한다고 찾아오는 것이 아니다. 육아도 원칙과 신념을 갖고 주도적으로 행동해야 함을 깨달았다.

엄마가 행복하기 위한 방법을 먼저 찾아봐야 한다. 나를 인정해주고, 만나면 힘 나는 사람들과의 만남을 지속적으로 이어나가자. 내가 먼저 그들의 감정을 읽어주고 살펴주면 내 주위에는 나를 아껴주는 사람들만 남게 될 것이다.

나와 내 아이를 위한 행복한 선택, 엄마의 감정조절 육아!

내 아이의 진짜 행복을 원하는가? 내가 어떤 표정으로 아이를 바라보고 있는지 거울을 먼저 바라보자. 엄마의 역할뿐만 아니라 '나'도 삶에 포함되어 있는지 찾아봐야 한다. 내 아이는 나만의 것이 아니기 때문에 혼자서 다 하려고 하면 안 된다. 아이들에게도 아들, 딸 말고 다른 역할로 사랑받을 수 있는 기회를 마련해주자. 그리고 나를 잊고 있었던 나 자신을 찾아서 일으켜 세워야 한다.

세상에는 내 아이와 똑같은 아이는 없다. 내 배에서 나온 아이들도 저마다의 개성이 있다. 내 아이가 가장 잘 클 수 있는 방법을 찾아가는 여정이 육아이다. 나에게 잘 맞춰주고 내가 좋아하는 것을 알아주고 이해해주는 사람이 좋다. 쓴 소리도 그런 사람이 해줘야 듣고 싶은 것이다.

어느 날 갑자기 시작하는 '누군가'의 육아법이 아니어야 한다. 나와 아이들에게 맞는 육아 환경을 천천히 조성하자. 씨를 뿌리고 싹이 날 때까지 시간이 필요하지 않은가? 아이를 위한 긍정의 씨앗도 뿌려놓고 싹이 틀 동안 인내해야 한다.

엄마의 감정조절 육아는 아이를 행복하게 만든다. 엄마의 행복한 감정을 전하기 위해서는 엄마가 행복해야 한다. 엄마가 행복하면 가정이 행복하고 곧 대한민국이 행복해지는 것이다. 처음 엄마를 경험한 우리는 서툴지만 행복하다. 행복한 감정은 나의 선택에 달려있다는 것을 깨달았기 때문이다. 나와 내 아이를 위한 행복한 선택! 엄마의 감정조절 육아는 행복한 아이를 만든다는 것에 확신을 갖자. 지금 바로 실천하면 머지않아 아름다운 감정의 열매를 거둘 것이다.

"내일의 모든 꽃은 오늘의 씨앗에 근거한 것이다." – 중국 속담

감사의 글

"한 어머니는 백 사람의 스승보다 낫다" – 요한 헤르바르트

시멘트 바닥, 갈라진 어느 틈에 겨울을 이겨내고 피어난 여린 새싹의 끈질긴 생명력을 멍하니 바라보았다.

'너도 살아내느라 애쓰는구나! 그래⋯. 너처럼 사람들도 태어난 이유가 있겠지. 그걸 찾아가는 한 걸음 한 걸음이 삶이고 스토리야!'

오늘 발견한 이름 모를 새싹은 하루를 살아가는 힘이 되어주었다. 내가 살아가는 이유를 찾으려고만 한다면 차고도 넘친다.

엄마가 되면서 사회에서의 영향력이 줄어드는 나를 발견하게 됐다. 비싼 옷은커녕 유행하는 옷도 입어볼 여유가 없었다. 수유를 하다 보니 가슴에 지퍼가 달린 생전 처음 보던 옷이 이제 가장 편하게 느껴진다. 외출할 때마다 정성스럽게 세팅했던 머리는 고무줄 하나로 질끈 묶어버린다. 나를 잊어가고 있었다.

하지만 그 와중에도 아이들에게 생명을 불어넣고 있던 나는 위대한

존재였다. 내 눈빛 하나에 말 한마디가 아이들에게는 절대적이었다. 나는 아이들을 아름다운 세상으로 내보내준 첫 조력자이다. 아이들에게는 유일한 엄마이다. 자식 바보 남편에게 예쁜 두 딸에 아들 하나까지 선물했다. 부모님께는 눈에 넣어도 아프지 않은 손주를 안겨드렸다. 인생의 가장 큰 기쁨이라고 하셨다.

"긴 터널을 힘겹게 잘 버텨내고 살아온 삶에 박수를 보냅니다. 현정 씨, 이제 꽃길만 걸으세요."

나의 스토리를 진심으로 공감하며 들어주시는 분들이 계신다. 긍정의 힘은 사람들을 변화시킬 수 있을 만큼 강력하다. 구구절절한 사연으로 끝나버리는 삶이 아니어야 했다.

"이 세상에 태어나지 말았어야 하는 사람은 없다!"

더 많은 사람들에게 알리기 위해 계속해서 책을 쓸 것이다. 진심이 담겨진 스토리를 통해서 희망을 노래하리라! 나는 단 한 사람이라도 위로할 수 있다면 이 일을 멈추지 않을 것이다.

이 책이 나올 수 있도록 35년 동안 나를 키워주고 사랑해주신 소중한 분들이 많다. 나에게 행복한 존재의 이유를 찾아준 남편 이제영 씨와 사랑하는 다연, 서연, 재범이에게 더 깊은 사랑을 전한다. 세상의 빛을 보게 해준 엄마와 외할머니 이육순 여사님, 외가 식구들도 너무 감사하다. 책이 출간되었다는 소식을 시부모님께 알려드렸다. 그동안 말씀드리지 못한 가정사를 조심스럽게 꺼내며 진작 말씀드리지 못한 것에 용서를 구했다. "우리 며느리 참 힘들었겠다." 하시면서 더 큰 사랑으로 품어주셨다. 결혼을 하고 나서 공부도 도와주시고 꿈을 향해 나아가도록 날개를 달아주신 두 번째 부모님께 진심으로 감사 인사를 올린다.

나의 학창 시절 무조건 '내 편'이 되어준 친구 보영이와 영옥이, 아라의 우정에 보답할 수 있어서 기쁘다. 내가 물질적으로 가장 힘든 시기마다 힘들게 번 돈을 선뜻 건네며 성공을 기원해준 오빠 같은 동생 임민창은 나의 평생 은인이다. 친정이 없는 나에게 친정이 대수냐며 '언제든지 현관 비밀번호 누르고 집에 와있어!'라고 말해주는 든든한 우만패밀리 – 소원, 유미, 미희, 송이와 우만초등학교 엄마들은 진정한 육아 동지다. 아이들의 두 번째 엄마가 되어주신 우만몬테소리 선생님들과 기도로 키워주시는 창훈대교회 선생님들도 빼놓을 수 없다.

세 아이의 엄마인 나에게 많은 기회와 가능성을 열어주신 멘토님들이 계신다. '자살률을 낮추겠다.'는 소명을 발견하게 해준『레버리지』의 작가 롭 무어, 한책협 김태광 스승님,『왓칭』의 저자이신 김상운 작가님,『디지털 노마드』의 작가 박영훈 작가님, 진정한 교육자의 길로 이끌어주신 한국재난안전연구소 이대성 대표님. 그분들의 도움으로 지금 이 자리까지 오게 되었다.

공부를 끝내지 못한 경력단절 여성의 한을 풀어준 한국방송통신대학교와 '날개치는 소리스터디'는 꿈을 이룰 수 있는 통로였다. 디지털 마케팅을 함께 연구하는 '디지털 노마드' 카페와 '오거북방', '어질현' 등 마케터 식구들의 응원과 격려로 끝까지 인내할 수 있었다. 이들과 대한민국의 4차 산업을 이끌어가면서 많은 사람들을 돕고 싶다.

나에게는 '매일 함께 성장하면서 모든 사람들을 밝고 빛나고 새롭게 하겠다.'라는 소명도 있다. 청춘도다리의 윤효식 대표님께서는 큰 응원과 지원을 아끼지 않으셨다. 추천사를 써주신 권동희 작가님과 추천사에 학우들에 대한 애정을 담아주시고 '대한민국을 평생학습의 사회'로 선도해 나가는 데 앞장서주시는 한국방송통신대학교 류수노 총장님께 감사를 드린다. 나의 서툰 첫 걸음을 보석처럼 빛나게 다듬어주신 미다스북스의 명실장님과 이다경 팀장님에게도 감사를 드린다. 태어난 자체가 내 삶의 이유가 되어준 사랑하는 내 동생 복현이에게 이 책을 바친다. 마지막으로 나를 이 땅에 최현정으로 보내주신 하나님 아버지께 모든 영광을 돌린다.

2018년 4월, 최현정